새로운
훗카이도 여행

NEW HOKKAIDOU TRIP

나다운 일을 하며 삶의 균형을 찾고 싶습니다.
이런 마음으로 오키나와 본섬을 여행한 것이 2013년.
2014년에는 야에야마, 미야코, 세토우치, 아마미, 고토에 있는
열세 개의 섬을 방문하고 그곳을 책에 담았습니다.

그동안의 여행에서 제가 보고 온 것은 바로 그곳에 사는 사람들이었습니다.
그리고 그들의 일과 삶이었습니다.
멋진 가게도 작품도 모두 '사람'이 만들어내는 것이니까요.

이 책은 사람을 찾아가는 세 번째 여행입니다.
제가 찾아간 곳은 바로 북쪽의 대지 '홋카이도'.

홋카이도를 찾은 이유는
제가 사는 오키나와에서는 볼 수 없는 광활한 대지와 사계절의 다채로운
풍경이 부러웠기 때문인지도 모릅니다.

반면 느리게 흘러가는 시간과 사람들의 넉넉한 인심은
오키나와 닮은 것 같았습니다.

홋카이도의 풍요로운 자연 속에서 살아가는 사람들은
밝은 얼굴로 매력적인 물건을 만들어내며 평화롭고 활기차게
살아가고 있었습니다.

그들은 어떻게 이런 행복한 삶을 실현하고 있는지 궁금해서
그들의 일과 삶의 현장을 찾아가보았습니다.

이 책은 카페, 빵집, 공방, 숙소 등 33곳의 특별한 장소를 소개하는
가이드북입니다.
더불어 광활한 대지 위에서 살아가는 그곳 사람들에 대한
이야기이기도 합니다.

Contents

002 시작하는 글

1 삿포로
016 먹기와 살기 연구소
020 모리히코
024 킷사 쓰바라쓰바라
028 이시다 커피점
032 마루무기
034 하사미야
038 OFF-GRID CAFE "Physical"
040 메이 마르셰
042 UNTAPPED HOSTEL
044 미키 사토 아키
046 점과 선 무늬 제작소
050 쓰지아키
054 일요일의 쿠키
056 사토 미치코

2 삿포로 주변
064 다카노 커피점
068 SEED BAGEL & COFFEE COMPANY
072 램야트
076 Shandi nivas cafe
080 TAKIZAWA WINERY

3 아사히카와·비에이·후라노
088 Less Higashikawa
092 공방 아카리노타네
094 가구공방 이바젠
098 SALT
100 cafe 고료 & 고료 게스트하우스
104 에조아무 푸딩 제조소
108 bi.blé

4 하코다테
118 하코다테 공예사
122 핫켄
126 천연효모 빵 tombolo
130 OZIO ATELIER and SHOP
132 select coffee shop peace piece
134 pazar bazar
136 야마다 농장 치즈 공방

142 홋카이도에서 만난 사람들
148 맺음말
150 홋카이도 지도
152 삿포로 지도
154 삿포로 주변 지도
156 아사히카와·비에이·후라노 지도
158 하코다테 지도

How To Use 이용 가이드

★ 이런 가게를 소개하고 있습니다!
- 만들어내는 결과물에 마음이 담겨 있는 곳.
- 장르에 상관없이 홋카이도에 발을 단단히 딛고 사는 사람들이 있는 곳.
- 일과 삶을 조화롭게 꾸려가고 있는 곳.
- 새로운 가게를 중심으로.

★ 지역별로 소개하고 있습니다!
- 홋카이도 여행은 지역별로 계획을 세우면 좋습니다.
- 유명한 관광지와 함께 즐겨주세요.

★ 가고 싶은 가게가 정해지면
- 가기 전에 휴일이 아닌지 확인하세요! 걱정되시는 분은 전화로 확인하면 안심할 수 있습니다.
- 마지막 페이지에 홋카이도 전도와 지역별 지도가 있습니다. 가게가 있는 장소+주변 추천 관광지도 소개하고 있습니다.
- 내비게이션이나 상세 지도와 함께 이용하세요.

1

새 로 운
홋카이도 여행

삿포로

SAPPORO

자연과의 거리가 딱 적당한,
커피 향 그윽한 홋카이도의 중심도시

SAPPORO

삿포로는 190만 명의 인구가 생활하는 홋카이도의 중심도시입니다. 삿포로 시계탑과 오도리 공원, 시장과 홋카이도 구청사 등이 있어 관광명소로도 나무랄 곳이 없죠. 게다가 유명한 맛집이 많이 모여 있습니다. 홋카이도를 즐기려면 일단 여기서 시작하는 것이 좋은, 그런 곳입니다. 무엇보다 '음식'은 삿포로의 가장 큰 매력 중 하나. 특히 해산물과 라면이 유명합니다. 여행 중에 단 한 끼도 소홀히 먹고 싶지

않다는 생각이 절로 듭니다. 노면전차가 달리는 풍경에서는 옛 정취가 물씬 느껴집니다. 교통망도 잘 갖춰져 있어 굳이 렌터카를 이용하지 않아도 편히 여행을 즐길 수 있습니다.

도시 중심가에는 카페도 많습니다. 모리히코나 이시다 커피점 같은 훌륭한 카페가 많은 것이 특히 인상적입니다. 킷사 쓰바라쓰바라는 '사토커피'의 원두를 사용하고 피지컬은 '리타루 커피RITARU COFFEE'와 '고토부키 커피'의 원두를 사용합니다. 마셔보니, 삿포로

의 커피는 색이 진하고 깊은 맛을 지닌 커피가 많다는 생각이 들었습니다. 추운 지역의 특징인지도 모르겠네요. 참, 그리고 보니 전에, 매뉴팩처 앤 워크MANUFACTURE&WORK라는 숍을 운영하는 디자인 유닛 '드롭어라운드droparound'의 주인이 안내해준 근처에 있는 오도리 공원 지하의 '커피와 샌드위치 가게 사에라', 아주 오래된 카페 분위기를 가진 이곳은 커피와 프루츠 샌드가 참 맛있었지요.
'점과 선 무늬 제작소'의 직영점이 있는 'space1-15'에는 또 다른 많은 가게들이 입점해 있어 즐거워 보였습니다. 취재 당일에는 '키친 트로이카'에서 점심을 먹었어요. 그릇과 앤티크를 취급하는 '사비타Sabita', 오래된 물건을 취급하는 '주이찌가쓰' 등 멋진 가게가 곳곳에 있으니 당신도 꼭 마음에 드는 곳을 발견하시기 바랍니다.

진하게 볶은 커피가 잘 어울리는

이번 취재를 위해 홋카이도를 방문한 시기는 6월 경. 날씨도 맑고 하늘이 탁 트여서 기분이 무척 좋았습니다. 오도리 공원과 홋카이도 대학처럼 자연과 경치가 좋아서 느긋하게 산책을 하고 싶은 곳도 많습니다. 또 자연과의 거리감도 적당해서, 중심가를 벗어나 차로 15~20분 정도 달리면 풍요로운 자연을 만날 수 있습니다. 이사무 노구치가 설계한 '모에레누마 공원'도 한 번쯤 방문해보면 좋은 곳입니다. 제가 오키나와에 살기 때문에 특히 부러웠던 것이 바로 계절입니다. 계절에 따라 완전히 바뀌는 홋카이도의 다채로운 풍경이었죠. 상쾌한 계절도 좋지만, 흰 눈으로 곱게 단장한 홋카이도의 거리도 보고 싶어지네요.

적당한 조명, 나무의 차분한 느낌이 가정집 분위기를 자아낸다

소중한 '오늘'을 차곡차곡 쌓아나간다

신적 부담감은 그렇게 크지 않았어요. 하지만 전문적으로 일을 하시는 분들이 얼마나 엄격한지 가까이에서 지켜봤기 때문에 제가 한참 부족하리라는 건 잘 알고 있었죠. 능숙하게 효율적으로 조리하진 못 하지만, 그만큼 좋은 재료를 쓰고 정성을 담으려고 노력합니다."(아키코 씨)

홋카이도에 와서 좋은 점 중 하나는 '맛있는 식재료'가 많다는 것이라는 신야 씨. 이곳의 기후는 건조하고 서늘한데다 습기가 적어서 채소에 병충해가 잘 생기지 않는다고 한다. 연작이 어렵고 수확 가능한 기간은 짧지만, 대신 토양의 소모가 덜해 에너지가 듬뿍 담긴 채소가 자라난다. 최대한 자연에 가까운 상태로 키운 채소와 쌀은 카페로도 나가고 가족들이 먹기도 한다. 수확한 채소를 보고 아키코 씨는 매월 다른 메뉴를 궁리한다.

"한 가정의 어머니와 똑같아요. 있는 재료를 가지고 뭘 만들까 고민하는 거죠(웃음). 일단 무엇보다 음식은 맛있어야 하고, 이게 안정이 되어 일정한 선을 넘어서는 실력을 갖추는 것이 중요해요. 전 번거로운 과정을 거쳐 만드는 게 좋아요. 그래

적당한 조명, 나무의 차분한 느낌이 가정집 분위기를 자아낸다

소중한 '오늘'을 차곡차곡 쌓아나간다

신적 부담감은 그렇게 크지 않았어요. 하지만 전문적으로 일을 하시는 분들이 얼마나 엄격한지 가까이에서 지켜봤기 때문에 제가 한참 부족하리라는 건 잘 알고 있었죠. 능숙하게 효율적으로 조리하진 못 하지만, 그만큼 좋은 재료를 쓰고 정성을 담으려고 노력합니다."(아키코 씨)

홋카이도에 와서 좋은 점 중 하나는 '맛있는 식재료'가 많다는 것이라는 신야 씨. 이곳의 기후는 건조하고 서늘한데다 습기가 적어서 채소에 병충해가 잘 생기지 않는다고 한다. 연작이 어렵고 수확 가능한 기간은 짧지만, 대신 토양의 소모가 덜해 에너지가 듬뿍 담긴 채소가 자라난다. 최대한 자연에 가까운 상태로 키운 채소와 쌀은 카페로도 나가고 가족들이 먹기도 한다. 수확한 채소를 보고 아키코 씨는 매월 다른 메뉴를 궁리한다.

"한 가정의 어머니와 똑같아요. 있는 재료를 가지고 뭘 만들까 고민하는 거죠(웃음). 일단 무엇보다 음식은 맛있어야 하고, 이게 안정이 되어 일정한 선을 넘어서는 실력을 갖추는 것이 중요해요. 전 번거로운 과정을 거쳐 만드는 게 좋아요. 그래

아키코 씨가 제철 재료로 정성껏 조리한 런치. 메뉴는 매월 바뀐다

아침에 수확한 채소를 가게 안으로 들인 뒤, 스태프들과 모여서 커피를 마신다. 회의라고 하기엔 소박한, 그저 하루 일정을 이야기하는 시간을 가진다. 10시쯤에 밭에 나가 일하다 아이들이 하교할 시간이 되면 데리러 나간다. 해가 길어지면 저녁 7시까지 밭에 나가 있을 때도 있다. 보존식과 저장해둔 채소로 겨울을 넘기면 5월에는 솎아낸 채소나 새싹이 나오기 시작한다. 6월부터 시작되는 하절기는 짧지만 직접 가꾼 맛있는 채소를 즐길 수 있는 시즌. 가게 주인인 안자이 신야 씨는 여름이 오면 거의 매일 밭에서 살다시피 한다. 그는 원래 후쿠시마에 있는 '안자이 과수원'을 4대째 일구고 있었지만 2011년 지진 재해를 계기로 삿포로로 이주했다. 카페를 운영하고 수확한 재료를 요리하는 것은 안주인인 아키코 씨 몫이다. "아버지가 키운 채소로 요리하고, 할아버지가 보내주신 과일을 가공하는 이 흐름이 좋습니다. 이런 물건들이 제 손을 거쳐 손님들에게 나간다는 게 무척 보람 있습니다. 아무리 좋은 재료라도 밖에서 사다가 만드는 건 별로거든요."

11월에 갔을 때는 방문하기 며칠 전 내렸던 이른 눈이 조금 남아서 겨울의 시작을 알려주었다. 그런데 6월에 다시 방문하니 외벽이 보이지 않을 만큼 녹음이 짙게 우거져, 이곳이 도심 바로 옆이라는 사실을 잠시 잊을 정도였다. 가게 안으로 들어가니 그때처럼 따뜻한 공간이 반갑게 나를 맞아주었다. 과수원에서 보내준 사과주스, 아키코 씨가 직접 만든 잼 같은 식품 외에도 친분 있는 생산자들의 다양한 작품과 일용잡화들이 진열되어 있었다.

주인장이 후쿠시마에서 살던 무렵, 16년 된 과수원 직매장을 개조해서 '나의 보금자리'를 만든 것이 이 카페의 시작이었다. 직매장의 일부였기 때문에 무엇보다 임대료가 들지 않았고 '과수원 카페'라는 이점도 있었다. 하지만 이주한 삿포로에는 아는 사람도 없고 임대료도 부담해야 했기 때문에 가게를 내는 것은 큰 용기가 필요했다. "부모님이 음식점을 하셨기 때문에 개업에 대한 정

01
New Hokkaidou Trip
삿포로 | 카페

먹기와 살기 연구소
たべるとくらしの研究所

더 나은 '먹기와 살기'를 안내하는
입구 같은 카페

의 커피는 색이 진하고 깊은 맛을 지닌 커피가 많
다는 생각이 들었습니다. 추운 지역의 특징인지도
모르겠네요. 참, 그러고 보니 전에, 매뉴팩처 앤 워
크MANUFACTURE&WORK라는 숍을 운영하는 디자인
유닛 '드롭어라운드droparound'의 주인이 안내해준
근처에 있는 오도리 공원 지하의 '커피와 샌드위치
가게 사에라', 아주 오래된 카페 분위기를 가진 이
곳은 커피와 프루츠 샌드가 참 맛있었지요.
'점과 선 무늬 제작소'의 직영점이 있는 'space1-15'
에는 또 다른 많은 가게들이 입점해 있어 즐거워
보였습니다. 취재 당일에는 '키친 트로이카'에서
점심을 먹었어요. 그릇과 앤티크를 취급하는 '사비
타Sabita', 오래된 물건을 취급하는 '주이찌가쓰' 등
멋진 가게가 곳곳에 있으니 당신도 꼭 마음에 드는
곳을 발견하시기 바랍니다.

진하게 볶은 커피가 잘 어울리는

이번 취재를 위해 홋카이도를 방문한 시
기는 6월 경. 날씨도 맑고 하늘이 탁 트여
서 기분이 무척 좋았습니다. 오도리 공원
과 홋카이도 대학처럼 자연과 경치가 좋아
서 느긋하게 산책을 하고 싶은 곳도 많습
니다. 또 자연과의 거리감도 적당해서, 중
심가를 벗어나 차로 15~20분 정도 달리면
풍요로운 자연을 만날 수 있습니다. 이사
무 노구치가 설계한 '모에레누마 공원'도
한 번쯤 방문해보면 좋은 곳입니다. 제가
오키나와에 살기 때문에 특히 부러웠던 것
이 바로 계절입니다. 계절에 따라 완전히
바뀌는 홋카이도의 다채로운 풍경이었죠.
상쾌한 계절도 좋지만, 흰 눈으로 곱게 단
장한 홋카이도의 거리도 보고 싶어지네요.

먹기와 살기 연구소   삿포로 | 카페   01

가게 안의 유리 너머로 정성들여 작업하는 모습을 구경할 수 있다

야 더 정성이 느껴지지 않나요?"
현재는 동물성 재료를 사용하지 않지만, 그렇다고 비건을 주장하지는 않는다. 그 이유는 뭔가에 얽매이지 않고 자신들이 좋다고 믿는 것으로 안내하는 입구 같은 존재이고 싶어서다. 후쿠시마에서 살 때 가졌던 꿈은 지진재해로 크게 흔들렸다. 그래서 더욱 '오늘'을 소중히 여기며 살아가고 싶다고 한다. 이곳은 자신들의 방식으로 더 나은 '먹기'와 '살기'의 자세를 제시하는, 그런 카페다.

주　　소　삿포로시 주오구 미나미9조니시 11초메 3-12
　　　　　札幌市中央区南9条西11丁目3-12
시　　간　11:00~17:00
전　　화　011-522-8285
영 업 일　수~토요일　　주차장 있음
H　　P　http://www.taberutokurashi.com
가 는 길　JR 버스 · 조테쓰 버스 '미나미9조
　　　　　니시 11초메' 도보 3분

삿포로가 부러운 이유 중 하나는 바로 '모리히코'가 있기 때문이다. 2호점인 '아틀리에 모리히코', 로스팅과 과자공장이 딸린 '플랜테이션Plantation', 수제 과자를 파는 '마리에 피에르Marie Pierre', 오가닉 커피 전문점 '모리히코 앤 더 얼터너티브 MORIHICO & THE ALTERNATIVE', 그리고 '모리히코 츠타야MORIHICO.TSUTAYA 우쓰쿠시가오카점'까지. 현재 점포 6개를 거느린 '모리히코'의 본점이 바로 삿포로 외곽의 뒷골목에 자리하고 있다.

과거에는 디자인 일을 하던 이치카와 소스케 씨. 그는 '회의도 하고 혼자 생각도 할 수 있는' 카페와 사무실이 융합된 장소를 만들고 싶다는 바람을 오랫동안 가져오다가, 1996년 이 가게를 오픈했다.

그는 도쿄에서 디자인을 공부하던 시절 고엔지에 살있는데, 뜨내기손님이 북적대는 번화가의 목 좋은 가게보다는 단골이 많은 뒷골목의 가게에 더 매력을 느꼈다고 한다. 그래서 자신이 가게를

02 New Hokkaidou Trip
삿포로 | 카페

모리히코
森彦

카페라는 문화를
이 거리에

낸다면 꼭 한적한 뒷골목에 내고 싶었다고. 그러던 어느 날, 출퇴근길에 늘 눈이 가던 오래된 주택에 임대 팻말이 나붙은 것을 보았다. 반가운 마음에 주택 내부를 보지도 않고 즉시 부동산에 연락했다고 한다. 손수 리모델링한 모리히코 본점은 여름에는 담쟁이덩굴에 뒤덮이고 겨울에는 하얀 눈이 소복이 쌓인다. 계절마다 풍경이 바뀌지만, 오래된 가정집 같은 따뜻한 분위기는 언제나 변함없이 손님들을 반갑게 맞이준다. 한동안 디자이너 일과 가게를 병행하던 그는 2호점을 오픈하며 '카페를 선택'했다. "닥치는 대로 일했습니다. 의욕이 넘쳤다기보다는 돌부리에 채였는데 넘어지지 않으려고 기를 쓰고 뛰다보니 어느새 여기까지 와버린, 그런 느낌이네요(웃음)." 아버지가 '모리히코'라는 이름을 제안했을 때, 그는 '꿈이 확 부풀어 오르는 것 같았다'고 한다. "뭔가 혼자서 씩씩하게 걸어갈 것 같은, 힘이 느껴지는 이름이라고 생각했습니다."

눈을 홀리는 유려한 솜씨로 정성이 가득한 한 잔을 만들어낸다

엉킨 덩굴 사이로 비쳐드는 햇빛이 커피에 색채를 더해준다

그 말대로 모리히코는 이제 홋카이도를 대표하는 카페가 되었다.

창고든 사무실 한 구석이든, 크리에이터로서 이치카와 씨가 키워온 독특한 심미안은 어디에나 엿보인다.

"우리 손으로 직접 하는 게 중요하다고 생각합니다. 원두도 직접 볶고 과자도 직접 만들고 싶어요. 힘든 길이겠지만, 노력하며 성장하는 모리히코의 정신이 계속될 거라고 생각합니다."

뜨거운 물을 높은 곳에서 드립포트에 따라 적당한 온도로 식힌다. 컵을 데우고 천천히 공을 들여 융드립을 한다. 한 잔의 커피를 내리는 데 걸리는 시간은 6~7분 정도. 비합리적으로 보일지 모르지만, 이렇게 해야 맛있는 커피가 만들어진다고 그는 믿는다.

"커피에는 사람을 감동시키는 힘이 있습니다. 한 명이라도 더 많은 사람들에게 그 사실을 알리고 싶어서 시작한 일이에요. 경영을 생각한다는 핑계로 신념을 버릴 바엔 차라리 그만두는 게 낫죠. 물론 이 방식을 고집하면서 경영하는 게 쉽진 않아요. 하지만 이렇게 해서 무너진다면 어쩔 수 없죠."

그곳이 어디이든 모리히코라는 간판을 걸고 있다면 나는 안심하고 안으로 들어갈 것이다. 모리히코에는 틀림없이 정성스런 커피와 행복한 시간이 기다리고 있을 테니까.

주　　소	삿포로시 주오구 미나미2조니시 26초메 2-18
	札幌市中央区南2条西26丁目2-18
시　　간	평일 · 공휴일 11:00-21:30(토, 일은 10:00~)
전　　화	011-622-8880
정기 휴일	없음(연말연시는 쉼)　주차장 있음
H　　P	http://morihiko-coffee.com
가 는 길	지하철 도자이선 '마루야마 공원역' 도보 4분

신념을 버리지 않고 커피의 감동을 널리 퍼뜨린다

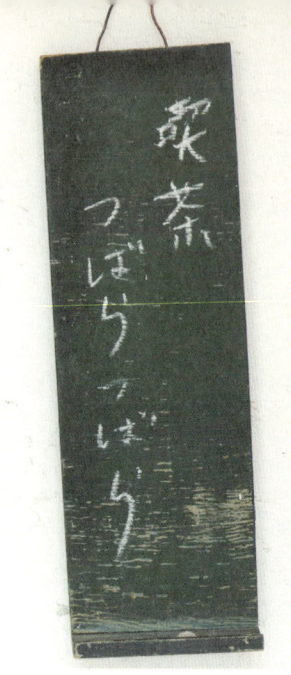

03 New Hokkaidou Trip
삿포로 | 카페

킷사 쓰바라쓰바라
喫茶 つばらつばら

마음 가는 대로 조용히 머물 수 있는
변두리의 찻집

길 건너에서 노면전차가 덜컹덜컹 지나간다. 그 소리를 들으며 골목 어귀에 들어서면 바로 앞에 작은 간판이 보인다. 옆에 있는 오래된 이발소 덕분에 외관은 레트로 느낌 그 자체. 누구나 저도 모르게 추억에 젖어들게 되는 풍경이다.
카페의 문을 열고 들어가면 자그마한 공간에 테이블 자리 하나, 벽을 마주보는 자리와

카운터에서 보이는 경치가 마치 영화의 한 장면 같다

카운터 자리 하나. 세 자리가 전부다. 하지만 의외로 높은 천장이 10평 남짓한 공간의 답답함을 해소해주고 군데군데 배치된 짙은 녹색 식물이 마음의 안정을 준다. 가게 구석에 놓인 작은 칠판에는 '울고 있어요'라고 적혀 있다.
가게 주인의 기분일까 아니면 손님에게 묻는 걸까, 곰곰이 생각해본다. 테이블 위에 놓인 문고판 책을 집어 잠시 넘기다보니 커피향기가 코를 간질였다. 주인이 융 위로 천천히 뜨거운 물을 붓는다. 시내의 '사토 카페'에서 로스팅한 오리지널 블렌드라고 한다. 이날 나는 주인의 취향이라는 다크 로스팅을 주문했다. 쓴맛 속에서 은은하게 감도는, 존재감이 확실한 단맛이 느껴진다. '쓰바라 쓰바라'는 만엽집에 나온 말로, '그저 마음 가는 대로'라는 뜻. 주인인 데무라 마이 씨가 교토 여행 중에 알게 된 말을 가게 이름으로 삼았다.

정성껏 융드립을 하는 데무라 씨

오래오래 하고 싶어요

"오랫동안 음식업에 종사해오면서 혼자서 운영하고 싶다는 바람을 10년 정도 갖고 있었죠. 처음 아르바이트를 시작했을 때는 손님들이 '고맙습니다', '잘 먹었습니다' 하고 인사를 해주시는 게 정말 기뻤어요. 먹는 건 그 자체로 행복이잖아요. 그 행복이 직접적으로 전해져온다는 건 정말 멋지지 않나요?"

혼자 운영할 수 있도록 10평 이내, 번화가에서 약간은 떨어진 길이라는 조건으로 가게자리를 알아보다 2년 만에 지금의 장소를 만났다. 당시에는 바였는데, 곧 폐점한다는 말을 듣고 바로 빌리기로 했다고 한다. 혼자 시간을 보내기 편하도록 벽을 마주보는 자리를 만들었다. 13시에 오픈하지만, 손님들이 편히 시간을 보낼 수 있도록 런치는 굳이 하지 않는다. 자신이 직장인이었을 때, 퇴근길에 커피를 마시고 싶어도 마땅한 곳이 없어 아쉬웠던 기억에 영업은 23시까지. 20대부터 50대까지, 폭넓은 세대가 편하게 작은 문을 열고 자리

킷사 쓰바라쓰바라	New Hokkaidou Trip
	삿포로 | 카페 03

주 소	삿포로시 주오쿠 미나미1조니시 13-317 산세이 빌딩 1F 札幌市 中央区南一条西13-317 三誠ビル 1F
시 간	13:00~23:00
전 화	011-272-0023 주 차 장 없음
정기 휴일	화요일・두 번째 수요일
H P	http://tubara2.exblog.jp
가 는 길	시전차 야마하나선 '니시15초메역' 도보 3분 지하철 도자이선 '니시11초메역' 도보 6분

에 앉는다. 마치 겨우살이 위에 날개를 접고 쉬는 새처럼.

"큰 가게에서 일할 때는 손님의 인사를 직접 듣지 못 하니까 뭔가 허전하고 아쉬웠어요. 혼자서 가게를 하면 모두 제 책임이죠. 하지만 손님들이 건네는 말도 오직 절 향한 것이기 때문에 즐겁습니다. 앞으로도 계속 혼자서 하고 싶어요. 찻집은 사람과 사람의 인연이 맺어지기도 하고, 부담 없이 들어갈 수 있고, 저와 손님이 함께 나이 들어가는 그런 매력이 있는 것 같아요. 오래오래 하고 싶습니다."

카운터 안쪽에는 수많은 커피 티켓이 붙어 있었다. 손 글씨로 조그맣게 이름이 적힌 티켓은 마치 손님과 데무라 씨의 인연을 보여주는 '증표' 같다. 마음의 안정을 찾고 싶다면 다시 그 녹색 문을 열자. 책을 읽는 것도 편지를 쓰는 것도 좋겠다. 그 곳에는 언제나 조용한 시간이 기다리고 있으니까.

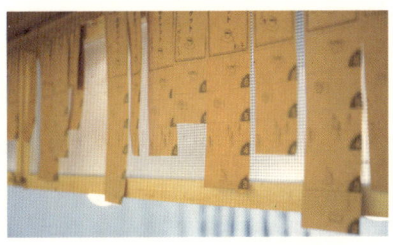 

026 - 027

04 New Hokkaidou Trip
삿포로 | 카페

이시다 커피점
石田珈琲店

웅변하지 않고 진지하게
커피의 매력을 알린다

이시다 커피점은 삿포로시 교외에 고즈넉하게 자리 잡은 외딴집이다. 아키타현에서 이전해온 지 어느새 6년이 됐다. 차의 짙고 옅은 정도로 모양을 만들어낸 타일 외벽과 석벽 때문인지 집이긴 해도 다소 모던한 분위기가 감돈다. 길 쪽으로 난 커다란 유리창 안으로 보이는 것은 원두 로스팅 기계. 연통이 밖으로 삐죽 튀어나와 있다. 기계에 생두를 투입하고 잠시 기다리면, 향과 색을 체크

안으로 들어가면 1대1 상담이 가능한 원두 매장이 있다

해서 알맞은 시간에 원두를 와르르 쏟아낸다. 그야말로 커피다운 색깔로 볶아낸 원두에서 김이 모락모락 피어오르고 커피 향기가 실내를 가득 채운다.

고등학교 시절부터 찻집을 좋아했다는 이시다 마사후미 씨. 대학진학을 계기로 고향인 구시로를 떠나 삿포로로 온 그는 찻집에서 아르바이트를 하며 커피의 매력에 푹 빠졌다고 한다. "아르바이트하는 곳의 커피는 맛이 없었어요(웃음). 그래서 맛있는 커피를 접할 때면 신선한 충격을 받았습니다. '이게 왜 이렇게 맛있게 느껴지는 걸까?'

궁금하고 정말 신기했어요." 대학을 졸업한 후에는 직장에 다니면서 커피 공부를 계속했다. 그러다 '좋아하는 일을 하며 살고 싶다'는 생각에 카페를 내기로 결심했다.

가게 안에 들어서면 가장 눈에 띄는 것이 작은 카운터와 그곳에 서 있는 이시다 씨. 매대 안쪽에 있는 홀은 가정집처럼 편안한 느낌이다. 가게를 찾는 손님은 주로 동네 주민. 느긋한 시간을 보내고 싶은 학생들부터 동네 모임을 갖고 싶은 아저씨, 아주머니까지 세대의 폭이 넓다.

안으로 들어가면 왼쪽에 로스팅 기계가 보인다

커피와 함께 주문한 수제 치즈 케이크

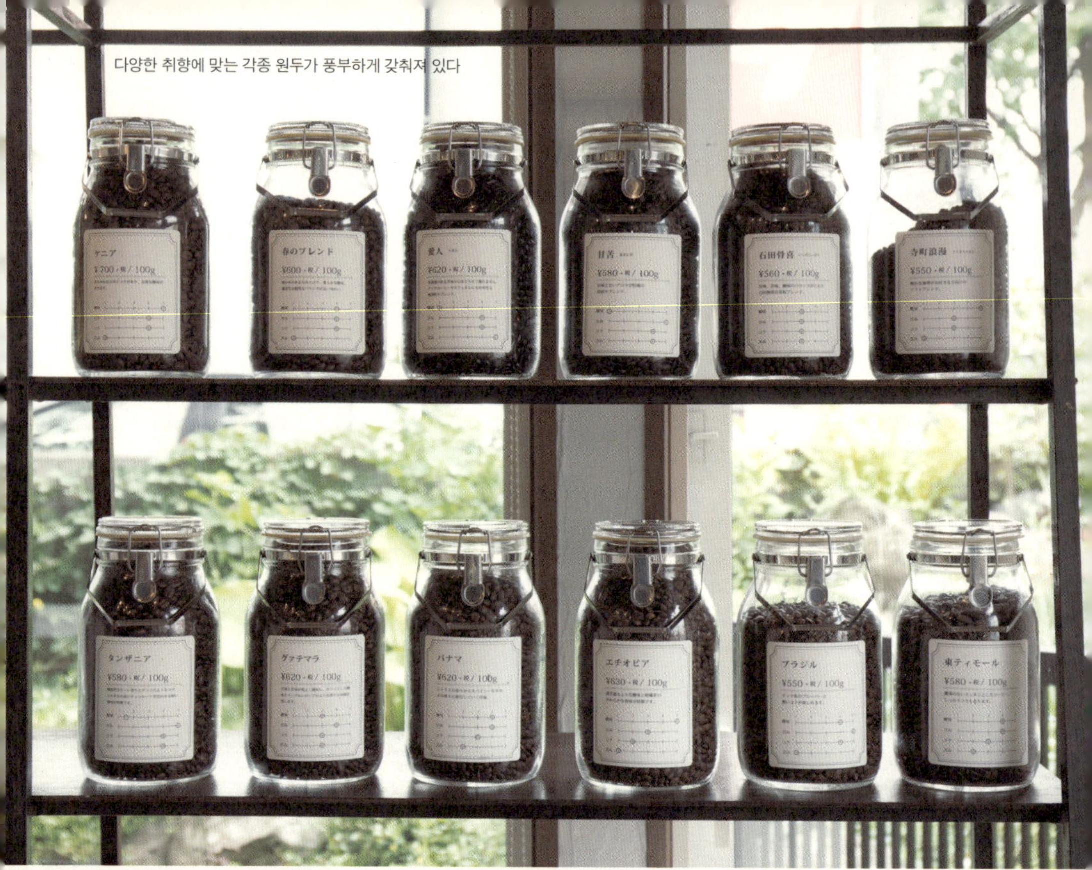

다양한 취향에 맞는 각종 원두가 풍부하게 갖춰져 있다

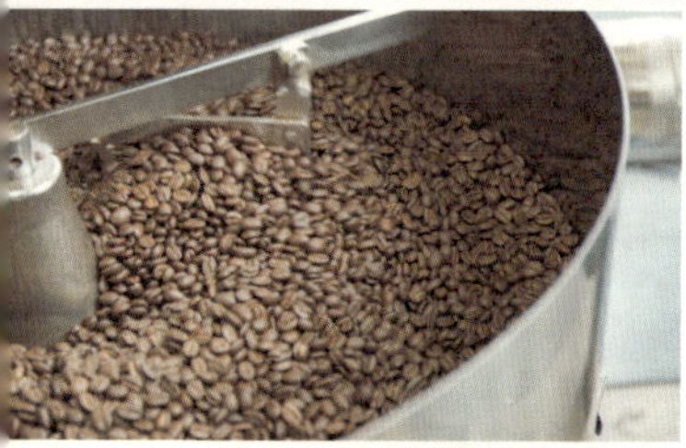

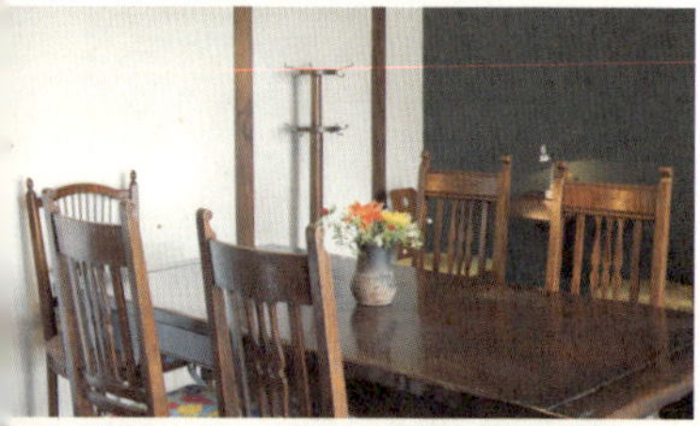

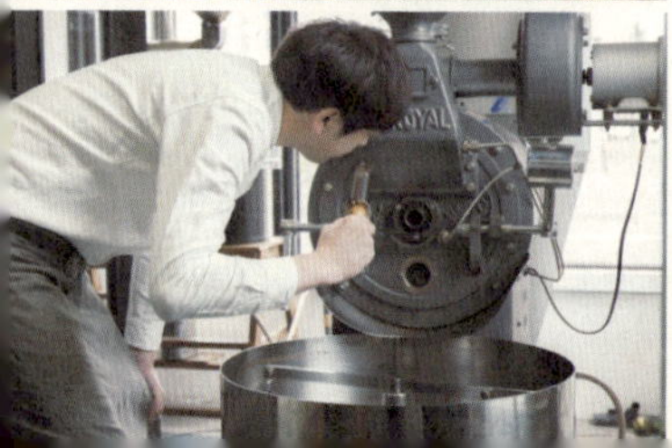

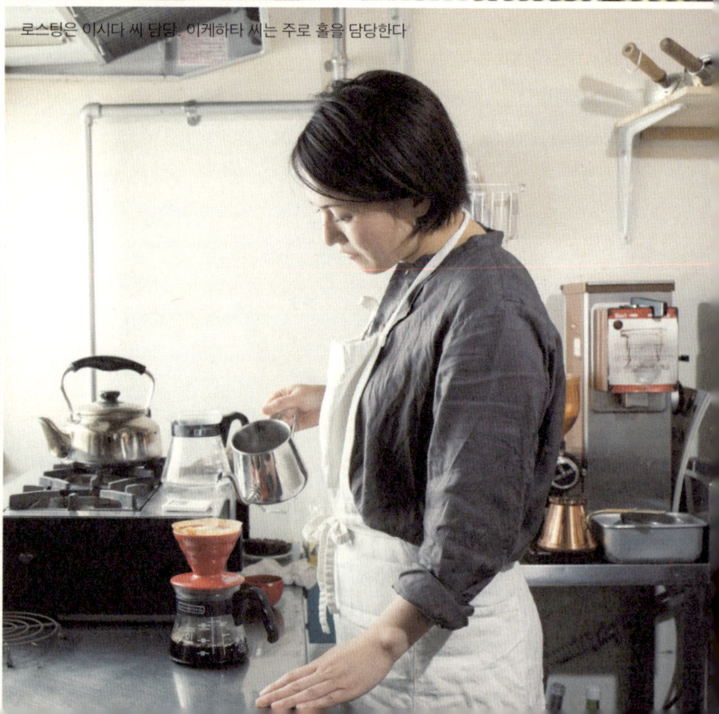

ケニア	春のブレンド	恋人	甘苦	石田骨喜	寺町浪漫
¥700	¥600	¥620	¥580	¥560	¥550

タンザニア	グァテマラ	パナマ	エチオピア	ブラジル	東ティモール
¥580	¥620	¥620	¥630	¥550	¥580

로스팅은 이시다 씨 담당. 이케하타 씨는 주로 홀을 담당한다

커피를 즐기기 위한 공간

함께 선 두 사람의 모습이 왠지 흐뭇하다

이곳에서 즐길 수 있는 것은 페이퍼드립으로 정성껏 내린 커피와, 파트너인 이케하타 와카나 씨가 만든 케이크 등이다. 키슈 같은 가벼운 계란 요리도 제공한다. "자신만의 시간을 자유롭게 보내면 좋겠다"라는 이시다 씨의 바람대로, 생활 속에서 다양하게 활용할 수 있는 편안한 공간으로 꾸며져 있다.

말투도 조곤조곤하고 조용해 보이는 이시다 씨지만, 개업 전 커피 원두에 대해 알기 위해 산지인 브라질까지 직접 날아간 적도 있을 만큼 적극적이었다. 브라질 원두가 입맛에 맞아서 알아보던 중, 마침 일본인 커피 농장주를 알게 되었다. 이시다 씨는 곧장 관광 비자를 취득, 수확부터 개화시기에 맞춰 3개월간 그곳에서 숙식하며 커피 농장의 모든 것에 대해 공부했다. 현지인들도 무척 친절해서, 그때의 체험이 커피에 대한 이시다 씨의 애정을 더욱 깊어지게 했는지도 모른다.

원두는 반드시 생두 샘플을 얻어와 직접 맛을 확인한 뒤 구입한다. 원두에 맞는 로스팅이 특히 중요하다. 라이트부터 다크 로스팅까지 폭넓은 맛을 준비해서 손님들에게 제공한다. '데라마치 로만', '이시다 커피', '아마니가(달콤씁쓸)', '라망' 등 다소 독특한 블렌드 명이 마치 커피에 인격을 부여하는 것 같다. 이름을 떠올리며 맛을 상상하고 애착을 갖게 한다. 이곳의 커피는 맛의 기준을 강요하지 않되, '맛있다'는 것을 확실히 알고 제공한다는 주인의 신념이 엿보인다. 그래서 사람들의 다양한 취향이나 상황에 딱 맞춰주는 넉넉한 품을 가질 수 있는지도. 이곳은 뚜렷한 주장은 없지만, 커피와 커피를 마시는 사람들에게 진지한 곳이다.

주　　소	삿포로시 기타구 기타16조니시 3-1-18 札幌市北区北16条西3-1-18
시　　간	11:00~19:00
전　　화	011-792-5244　　주차장 없음
정기 휴일	화, 목요일
H　　P	http://www.ishidacoffeeten.com
가는 길	지하철 난보쿠선 '기타18조역' 도보 2분 JR '삿포로역' 도보 15분

05 마루무기
New Hokkaidou Trip
삿포로 | 빵

円麦

엄선한 재료로 만들어
매일을 풍요롭게 만들어주는 빵

가림막이 나부낀다. 오픈 시간은 7시

쉴 새 없이 손님이 들어온다. 가게 안은 두 사람만 들어가도 꽉 찬다. 진열장 안에는 갓 구운 빵이 놓여 있다. 깜찍한 불도장을 찍은 팥빵, 크로아상, 딱딱한 바타르 등, 식사를 즐겁게 해주는 빵 20종류가 늘 갖춰져 있다. 아침용 빵을 사러 오는 손님, 점심으로 사러 오는 손님 등 다양한 지역 주민들이 이 작은 빵집을 찾는다.

인기품목 중 하나는 식빵이다. 유기농 밀인 '유메치카라' 외에 특별 재배한 감자, 양질의 목초를 얻기 위해 흙부터 유기농법을 쓰는 '야마카와 목장'의 우유, 홋카이도 버터, 유기효모를 사용해서 풍부한 식감이 느껴진다. 12시간 동안 저온장기 발효시킨 반죽으로 동이 트기 전부터 빵을 낸다. 이곳의 파티셰는 오사카에서 경력을 쌓고 삿포로로 이주해온 점장 요시다 야요이 씨. "좋은 물건을 만들어내는 사람의 마음이 소비자에게 직접적으로 전해질 수 있도록 가교 역할을 하고 싶다"는 마루무기의 오너 이이다 씨는 재료 선택을 가장 신경 쓴다. 밀가루는 물론이고 말린 과일과 견과류, 소금, 팥과 효모에 이르기까지 모두 유기농 재료로 엄선. "빵을 좋아합니다. 쌀은 누구나 맛있는 밥으로 지을 수 있지만, 맛있는 밀가루나 빵의 중요성은 다들 잘 못 느끼시는 것 같아요. 밀가루만 먹어도 맛있다는 소리가 나오는 '주식' 빵을 제공하고 싶습니다."

맛있는 빵을 제공해서 사람들의 생활을 더 풍요롭게 만들어주고 싶은 바람을 가진 이이다 씨. 그의 생각은 좀 더 시야가 넓다.

"예를 들어 유기농업은 기후 변동에 따라 수확량의 영향을 많이 받습니다. 유기비료를 쓰는 수고나 비용 문제를 고려하면 효율적인 농업이라고 하긴 어렵습니다. 그래도 이 방법을 고집하는 사람들이 있는 건 좋은 물건을 만들고 싶은 신념이 있기 때문이겠죠. 빵을 파는 사람으로서 그런 분들의 신념을 이어나가고 싶은 마음이 있어요. 그리고 정직하게 만든 좋은 물건을 소비자에게 전달하는 것은 더 나아가 그 분들과 자녀들의 신체 건강을 지켜주는 것으로 이어지기 때문입니다. 만드는 사람에게도 사는 사람에게도 좋은 순환을 빵집을 통해 만들어나가고 싶어요. 물건이 좋으면 조금 비싸도 소비자는 사줍니다. 이건 크게 보면 소비 스타일, 사회가 변했다는 겁니다. 소비자와 생산자와 유통이 신뢰관계를 쌓아서 바람직한 소비 사이클을 만들어내고 싶습니다."

동이 트기 전부터 시작되는 작업. 갓 구워진 고소한 빵이 속속 나온다

인기가 많은 식빵. 유기농 재료를 고집한다

이이다 씨의 이런 생각에 소비자는 딱히 관심이 없을지도 모른다. 하지만 이 마루무기라는 빵집이 가까이에 있는 것이 실은 큰 행복이라는 것을 손님들은 알고 있을 것이다.
오늘도 어김없이 새벽부터 풍겨오는 고소한 빵 냄새. 그 냄새가 거리 구석구석을 채워나가듯 마루무기의 빵은 이 거리에 행복을 퍼뜨린다.

주 소	삿포로시 주오구 미나미3조니시 26초메 2-24 札幌市中央区南3条西26丁目2-24
시 간	7:00~17:00(매진되면 종료)
전 화	011-699-6467
정기 휴일	월·화요일
주 차 장	있음
H P	http://marumugi.jp
가는 길	지하철 도자이선 '마루야마 공원역' 도보 3분

하교 풍경을 보면서 루벤 샌드위치를 한 입 베어 문다

외국 상점 같은 모습. 사인 하나하나가 귀엽다

아래로 감싼 손이 유니크한 로고마크

06 New Hokkaidou Trip
삿포로 | 샌드위치

하사미야
ハサミヤ

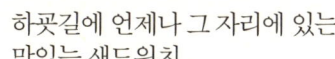

하굣길에 언제나 그 자리에 있는,
맛있는 샌드위치

카운터 구석에 자리를 잡고 집으로 돌아가는 학생들을 무심히 바라본다. 교복 차림에 각양각색의 배낭을 멘 학생들은 혼자 종종걸음으로 지나가기도 하고 우르르 모여 수다를 떨며 지나가기도 한다. 과거 의류업에 종사했다는 오너 다케시마 사토시 씨가 이곳에 샌드위치 가게를 연 이유는 딸이 근처의 고등학교에 다니게 되어서 하굣길에 들를 수 있는 가게를 열고 싶어서다.
어린 시절 뉴욕에서 유학 중에 맛본 샌드위치를 삿포로의 변두리에서 만들어 팔고 있다. 가게의 최고 인기메뉴는 BLT. 그러나 가장 추천하는 메뉴는 뉴욕의 향토요리라 할 수 있는 '루벤 샌드위치'다. 비프 파스트라미와 사워크라우트, 러시안 드레싱과 걸쭉한 치즈가 듬뿍. 속 재료는 뉴욕의 것을 그대로 따라했지만 빵은 시간이 지나도 맛있는 일본의 사각식빵을 사용한다. 그 밖에도 "햄커틀릿, 달걀 샐러드 등 어린 시절 제가 먹었던 것을 나누고 싶어요." 원래 훈제하는 취미가 있었는데, 처음에는 골판지 박스로 만든 훈제기로 시작해서 집 베란다에 불을 내는 등 낭패를 겪어가며 '맛있는 베이컨을 만들기 위해' 연구를 거듭했다. 카운터 자리는 과거 이곳이 라면집이었던 것을 알려주는 흔적일까. "샌드위치 재료도 가게도 최대한 핸드메이드를 추구합니다. 그게 가장 호화로운 것 같아서요." 길가에 놓아둔 간판의 일러스트나 하사미야의 로고 마크가 하나같이 귀여워서 마음에 남는다.
고교 시절 뉴욕으로 건너가, 그 후 유럽에 잠시 머문 뒤, 도쿄를 거쳐 삿포로로 돌아온 다케시마 씨. "멀리 떠날수록 뭔가 얻는 게 많을 것 같아서 젊은 시절엔 계속 돌아다녔습니다. 그러다 결국 고향이 좋다는 생각이 들어 돌아왔죠. 고향의 작은 세계를 압축해서 사는 게 즐겁겠더라구요. 반경 3킬로미터 안에서 동료들과 느릿느릿하게 지내는 것이 성미에 맞거든요(웃음)."

"다녀왔니"가 어울리는 카페

홍보다운 홍보는 거의 하지 않는다. 하지만 근처에 학교가 여러 개 있어서, 평일 아침 7시 반부터 문을 열면 가만히 있어도 아침저녁으로 거의 1천 명 정도가 가게 앞을 지나간다고. "중년 부부 둘이서 하는 거라 너무 바쁘면 몸이 못 버텨요(웃음)." 중년이라고 해도 다케시마 씨는 어딘가 소년 같은 친근함이 있어서 고교생과도 격의 없이 대화를 나누는 넉넉함을 갖고 있다. 취재 중에도 혼자 카운터 자리에 앉아 샌드위치를 먹던 여고생이 친구처럼 대화를 나누다 돌아가는 모습을 볼 수 있었다. 신기하게도 나로서는 처음 보는 풍경인데도 불구하고 왠지 어디서 본 것처럼 반갑고 자연스럽게 느껴졌다.

다케시마 씨는 "그냥 심심한, 아무 생각 없이 먹고 가는 가게를 만들고 싶다"고 했다. 오면 기분이 좋아진다거나 특별한 날의 식사를 하는 그런

하사미야

곳이 아닌, '당연한(하지만 부족함은 없는)' 존재이고 싶은 그 나름의 표현이다.
'30년은 가는 가게'가 오픈했을 때의 목표. "가게 앞을 지나가는 아이들이 언젠가 어른이 됐을 때 '여기 맛있었지' 하고 떠올려주면 정말 기쁠 것 같네요." 30년을 계속하면 아이들에게 가게를 물려줄 수 있을지도 모른다. 다케시마 씨는 그렇게 생각하고 있다. 맛도 훌륭하지만 나는 이 가게 본연의 포근함이 더 마음에 든다.

주 소	삿포로시 주오쿠 미나미16조니시 5-3-13 주치 빌딩 1F
	幌市中央区南16条西5-3-13住地ビル1F
시 간	월~금 7:30~18:00
	토·일, 공휴일 11:30~18:00
전 화	011-211-0868
정기 휴일	수요일
주 차 장	없음
H P	https://www.facebook.com/hasamiyasandwich
가는 길	지하철 난보쿠선 '호로히라바시역' 도보 3분
	시전차 '세이슈가쿠엔마에역' 도보 2분

카페, 이벤트 스페이스 등이 유기적으로 연결되어 있다

07 New Hokkaidou Trip
삿포로 | 카페·잡화

OFF-GRID CAFE "Physical"

오프 그리드 카페 "피지컬"

미래의 '삶'을 생각하는,
오프 그리드를 목표로 하는 카페

삿포로 외곽의 창고 거리에 있는 작은 빌딩. 의류 관련 회사 건물이었을 당시 사용했다는 반입구로 들어가 엘리베이터를 타고 4층 버튼을 누른다. 도착하는 소리가 나고 문이 열리면 100평 정도 되는 널찍한 공간이 나타난다. 안쪽에는 디자인 사무소 '코뮌COMMUNE', 이벤트 스페이스 '밋MEET.', 카페 '피지컬Physical'이 있다. 이곳의 대표는 크리에이티브 디렉터인 우에다 료 씨.

"지진 재해 이후 디자인 일을 계속할 수 있을지 고민했습니다. 디자인 일이나 지금의 회사가 언제까지 갈지 의문을 가진 적도 있고요. 그리고 일을 하면서 내 시간에도 충실하려면 일을 줄일 수밖에 없는데, 대신 다른 분야에서 일인지 취미인지 알 수 없는 영역을 만들면 제 일에 좀 더 충실해질 것 같았습니다."

고민 끝에 그는 디자인이라는 경제활동과는 동떨어진 것, 돈을 들이지 않고 할 수 있는 일을 하기로 결심했다. 언젠가는 땅을 사서 컨테이너 하우스나 트레일러 하우스에 살면서 채소를 키우거나 산나물, 버섯, 장작, 물을 자급하며 살고 싶다. 그 꿈을 이룰 기반을 만드는 중이다. 작물을 키우는 그 자체에 관심을 가진 사람도 많을 테니, 그들과 함께 배우면서 '살아가는 힘'의 레벨을 올리자는 의미에서 테마는 'OFF-GRID'로 하자고

우에다 씨의 디자인 오피스도 같이 있다

생각했다. 단순히 '전력 자급'의 차원이 아니라, '흔히 있는 것을 다시 눈여겨 보고 선택하는 것, 그것이 우리들의 오프 그리드'라고.
당연하지만 처음부터 오프 그리드가 가능할 리는 없다. "생초보니까 너무 거창한 것보다는 우리가 배우고 싶은 것을 손님과 함께 배워나가고 싶다"고.
전체적인 프로듀스나 디렉션을 우에다 씨가 감수하면서, 다양한 사람들과 만나 힘을 모아 장소를 만들어가는 모습이 인상적이다. 카페는 올 봄부터 '이타다키젠'을 경영하는 하루야마 아키코 씨가 담당. 자연재배 식재료만을 사용한 비건 요리를 제공한다. 인테리어 디자인은 '만게쿄mangekyo', 원예는 '플라워 리틀', 커피는 '리타루 커피RITARU COFFEE'와 '고토부키 커피' 등 삿포로에서 활약 중인 크리에이터의 도움을 받았다. 자투리 천을 사용한 오리지널 소파는 핸드메이드 크래프트 브랜드 '히토하루HITOHARU'에서 제작. 마치 이 공간처럼, 다양한 분야의 사람들이 서로 경계 없이 유기적으로 연결되어 있다.

"요즘 같은 디지털 시대에는 직접 물건을 만지고 느끼는 것에 대한 신체 감각이 퇴화하는 것 같아요. 그래서 직접 몸으로 느끼고 만드는 감각적인 경험을 중시하자는 뜻에서 피지컬이라는 이름을 붙였습니다. 아직 완성된 건 아니에요. 꾸준히 개발하고 있고 더 변화하고 싶습니다."

주 소	삿포로시 주오구 기타5조니시 11초메 8 Sacra bldg.4F 札幌市中央区北5条西11丁目8 Sacra bldg.4F
시 간	12:00~22:00
전 화	011-206-6869
정기 휴일	화요일
주 차 장	없음(건물 북쪽 옆에 유료 주차장 있음)
H P	www.physical.cafe
가는 길	지하철 도자이선 '니시11초메역' 도보 10분 JR '소엔역' 도보 10분 JR '삿포로역' 도보 15분

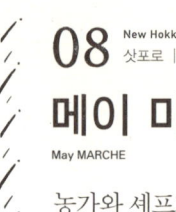

08 New Hokkaidou Trip
삿포로 | 마르셰

메이 마르셰
May MARCHE

농가와 셰프가 모여
제철에만 여는 마르셰

홋카이도의 채소류가 가장 맛있는 여름. 이 한 철에만 열리는 주말 한정 마르셰가 있다. 그 이름은 '메이 마르셰'.

작은 차고에 샹들리에를 달아 멋진 분위기로 꾸민 마르셰. 이곳을 연 사람은 독일에서 온 셰프 마커스 보스 씨. 매대 위엔 그날 아침 갓 수확한 채소가 진열된다.

미슐랭 스타를 받은 레스토랑에서 경력을 쌓은 마커스 씨가 삿포로에 건너온 것은 2002년이다. 아시아에 관심이 많았던 마커스 씨는 영국에서 함께 요리를 공부한 일본인 동료의 제안을 받고 일본을 방문했다. "이렇게 질 좋은 식재료가 풍부하게 나는 곳은 전 세계적으로도 드물지 않을까 싶더라고요." 그는 홋카이도에서 요리 교실과 마르셰, 케이터링 등 음식과 관련된 다양한 활동을 펼치고 있다.

마커스 씨의 요리 교실에서 가장 중시하는 것은 당연히 '식재료'. 농가를 방문해 채소를 직접 수확하기도 한다. 이때 식재료 구입을 희망하는 학생들이 생겼고, 이것이 마르셰를 시작하게 된 계기다.

"쉬는 날엔 뭘 하세요?"라고 묻자, "밭에 가요. 정말 즐겁습니다"라는 마커스 씨. 농가를 직접 방문해 홋카이도의 풍부한 식재료를 보는 것이 즐겁단다. 유기농법으로 주키니 호박과 멜론을 재배하는 '미야모토 농원', 서양채소에 특화된 '축복의 정원 시바타 농원', '바이오 팜 나카무라', '앰비셔스 팜', 바다에 가까운 미네랄을 함유한 흙에서 자연재배 허브를 키우는 '프리뫼르 홋카이도'를 비롯한 7팀의 농가가 메이 마르셰에 참가해 그날 아침 수확한 물건을 내놓는다.

마커스 씨는 판매보다는 소개한다는

그날 수확한 다양한 채소들

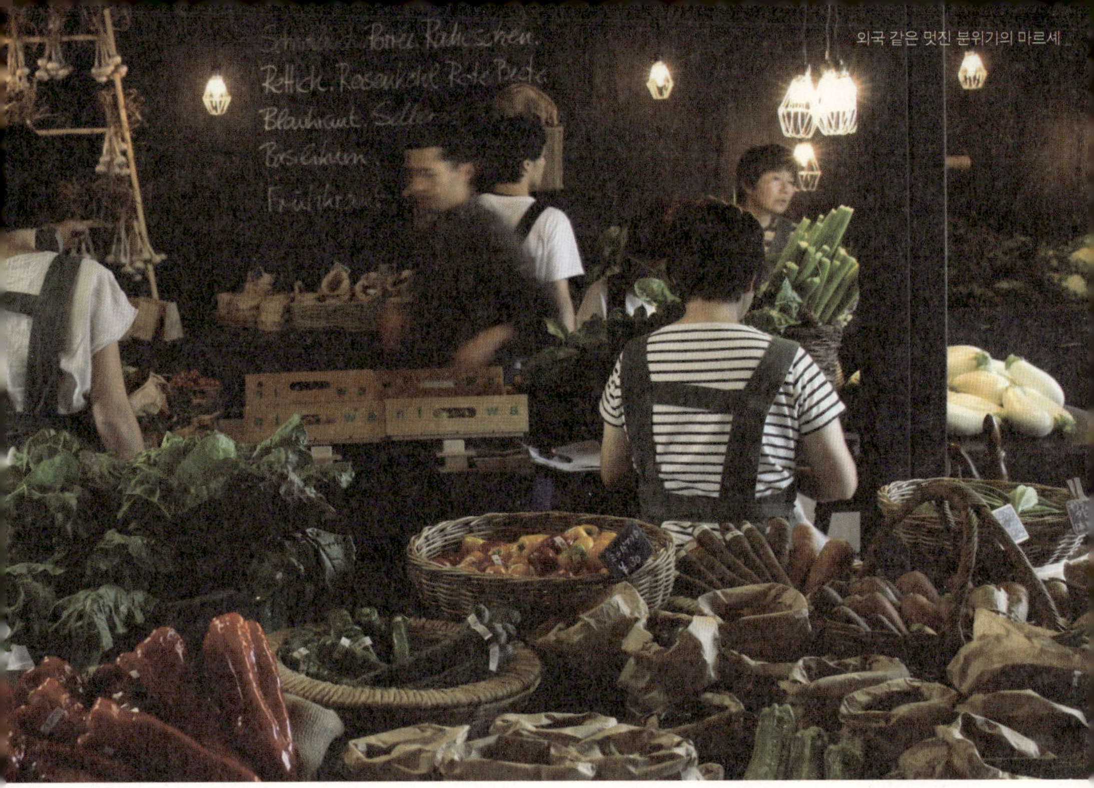

외국 같은 멋진 분위기의 마르셰

마음으로 마르셰를 꾸리고 있다. 마르셰는 농가에서 직접 나와 물건을 팔고, 마커스 씨를 비롯한 셰프들도 참가하기 때문에 생산자에게 직접 채소에 대한 설명을 들을 수 있고 셰프에게 추천 조리법도 배울 수 있다.

"우리도 즐기고 있어요. 매년 새로운 채소가 나오거든요. 홋카이도는 여름에만 수확이 가능하기 때문에 땅은 겨울 동안 충분히 쉬면서 힘을 회복해요. 그리고 여름에 에너지를 발산하죠. 그래서 채소가 제대로 진한 맛을 냅니다."

2016년에는 농산물을 원료로 한 아이스크림 숍도 시작했다. 홋카이도의 식재료를 통해 삶을 더 풍요롭게 만들자는 마커스 씨의 생각이 계속 퍼져나가고 있다.

"저의 활동을 통해서 삿포로에는 맛있는 것도, 멋지고 즐거운 것도 많다는 것을 전 세계 사람들이 알아줬으면 합니다."

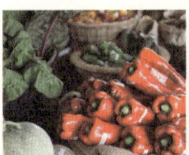

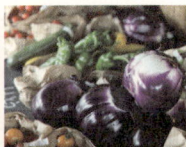

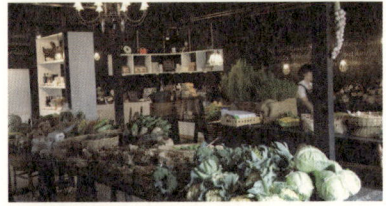

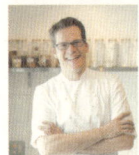

주 소 삿포로시 주오구 미나미22조니시 6초메 1
札幌市中央区南22条西6丁目1
시 간 토 10:30~12:45
전 화 011-532-1432
영 업 일 6~10월 토요일
주 차 장 있음
H P http://www.may-eu.com/marche
가 는 길 시전차 '코난쇼각코마에역' 도보 1분

스타일리시한 가구와 내장.
도미토리 타입 외에 그룹 룸도 있다

1층에 있는 '고향야 하루야'에서 요리 솜씨를 발휘하는 코무로 치히로씨

09 New Hokkaidou Trip
삿포로 | 숙소

UNTAPPED HOSTEL
언탭드 호스텔

아직 경험해보지 못한 매력과 만나는
편안한 여행의 거점

주　　소	삿포로시 기타구 기타18조니시 4초메 1-8 札幌市北区北18条西4丁目1-8
시　　간	체크인 15:30, 체크아웃 11:00
전　　화	011-788-4579
정기 휴일	없음　　주 차 장　없음
H　　P	http://untappedhostel.com
가는 길	지하철 난보쿠선 '기타18조역' 도보 1분

고향야 하루야

시　　간	11:00~15:00, 17:00~23:00(토일은 ~22:00)
정기 휴일	화요일

"홋카이도는 좋은 곳도 아주 많고 재미있는 사람들도 많습니다. 그런 것들을 만나게 해주는 장소가 있었으면 했어요." 진 테루야 씨가 삿포로 교외에 언탭드 호스텔을 오픈한 이유다. 오래된 장어 집이었던 건물을 직접 리모델링했다. 나무의 온기를 살리면서 콘크리트 벽을 그대로 드러내 스타일리시한 분위기로 연출했다. 담백한 공간은 세련되면서도 편안한 느낌을 준다.

삿포로 출신인 진 씨는 진학을 위해 상경한 뒤, 도쿄의 출판사에서 근무했다. 그때 서점 영업을 위해서 담당지였던 호쿠리쿠, 고신에쓰 지방에 수시로 출장을 다녔다. 원래 홋카이도를 좋아했다는 진 씨는 결혼과 자녀 출산을 계기로 도쿄가 아닌 홋카이도에 자리 잡을 결심을 하고 2009년 귀향해서 일을 하며 적당한 장소를 찾았다. 그렇게 5년 정도를 찾다, 번화가에서 적당히 떨어진 현재의 건물을 발견했다. 머릿속에 그리던 이미지와는 달랐지만, 숙소뿐만 아니라 다른 가능성도 엿보이는 곳이었다. 진 씨는 이곳에 호스텔을 오픈하기로 마음먹었다. 그는 열아홉 살에 도쿄로 상경했지만 바로 적응하지 못해 아르바이트를 하며 석 달간 미국을 여행했는데, 그때 도미토리로 불리는 숙소를 이용하며 큰 매력을 느꼈다. 그 덕분에 숙박업을 할 마음을 먹게 되었다고 한다.

"남자라면 누구나 자신만의 공간을 갖고 싶은 마음이 있지 않을까요? 좋아하는 음악을 틀어놓고 술을 만들어 내놓기도 하고 말이죠. 대충 그런 작고 단순한 이미지로 시작해서, 가족을 부양하면서 스스로 할 수 있는 일을 고민하다보니 숙박업을 선택하게 된 것 같습니다."

문 앞에 나무 한 그루가 표지판처럼 서 있는 콘크리트 외관의 건물. 문을 열고 안으로 들어가면 장작 스토브가 보이고 그 안쪽에 '고향야 하루야'의 카운터가 자리 잡고 있다. 계단을 올라가면 2층은 공유 공간인 리빙 키친, 그 위층은 원목 분위기가 물씬 나는 도미토리 룸. 그리고 더블 룸과 그룹 룸이 있다.

"업자의 도움은 거의 받지 않고, 직접 인테리어를 했습니다. 최대한 홋카이도 물건과 오래된 재료를 이용해서 좀 더 따스한 느낌으로 말이죠. 설계는 디자이너인 초등학교 친구에게 부탁했습니다. 작업 도중에 도면과 달라지기도 했지만 그래도 반 년 만에 완성할 수 있었습니다."

SNS의 입소문이나 예약 사이트를 통해 손님이 찾아오는데, 현재는 아시아를 중심으로 한 외국인 손님이 약 70%. 건물 안에서는 한정된 공유 공간에서 다른 여행자들과 교류를 즐길 수 있지만, 각자 자유롭게 지내는 분위기다. 스태프들도 모두 친절하다. "스태프들 모두 삿포로 주민들이라 자신들이 직접 다녀보고 좋았던 장소를 추천해줄 겁니다. 그러니 부담 없이 물어보세요."

10 미키 사토 아키

New Hokkaidou Trip
삿포로 | 설계·목공

三木佐藤アーキ

DIF의 즐거움을 널리 알리는,
함께 만드는 설계 유닛

'미키 사토 아키'는 미키 마유코 씨와 사토 케이 씨가 설립한 설계 사무소다. DIY/셀프 빌드 리노베이션과 가구제작을 하는 부부 유닛이다. 나무 사과상자로 만든 귀여운 어린이용 책상과 의자, 나뭇결의 빛깔 차이로 모양을 만들어낸 테이블, 뒤집으면 바구니로 사용할 수 있는 나무 의자. 이것들은 모두 "쉽게 구할 수 있는 재료로 뭘 만들

사과 상자로 만든 어린이용 책상과 의자

수 있을까"라는 생각에서 탄생한 작품들이다. 삿포로 출신인 미키 씨와 오이타 출신인 사토 씨는 도쿄의 설계사무소에서 근무하다 더 나은 삶을 찾아 미키 씨의 고향인 삿포로로 이주했다. 그 전에는 각자 주택에서 상업시설이나 학교에 이르는 다양한 설계에 참여했다.

"삿포로에 와서 처음 받은 일은 '하고 싶은 것은 많은데 예산이 부족한' 분들의 일이었어요. 사실

그 전에는 공구 명칭도 잘 몰랐던 저희였지만, 사무소를 DIY로 만들면서 약간 자신감이 붙었거든요. 그래서 저희와 함께 작업에 직접 참여해주신다면 원하는 부분을 줄이지 않고 다 하실 수 있을 것 같다고 제안을 드렸죠. 덕분에 현장에서 먹고 자고 전문업자 분께 이것저것 배워가면서 리모델링을 한 것이 우리의 시작이었습니다." (미키 씨)

그들은 그것을 '라노베'라고 부른다. '리노베이션

보다 더 부담이 적은 것'이라고 설명했다. "직접 만들어보면 정말 재미있어요. 사용할 사람이 제작에 참가하면 더 좋죠. 수리도 직접 할 수 있도록 최대한 간단하게 만들려고 노력하고 있습니다." (미키 씨)

"빈 집을 리노베이션하고 싶은데 예산이 부족한 경우가 점점 늘어날 것 같아요. 이런 흐름에 맞춰 나가고 싶습니다." (사토 씨)

그들의 결과물을 보고 타 지역에서 의뢰가 들어오기도 한다. 그러면 공구를 챙겨 현지로 바로 출장을 떠난다고 한다. "그동안 설계 일을 했어도 실제로 어떻게 만드는지 모르는 부분도 있었거든요. 하지만 직접 만드는 입장이 되니까 내가 할 수 있는 범위에서, 구할 수 있는 재료로, 해보자는 생

각이 들더군요. 이런 것들을 생각하는 게 재미있어요."

사토 씨의 본가인 오이타에 작은 집을 개조해 빵집이나 중고서점을 오픈할 꿈도 있다. '앞날은 아무도 모른다'지만, 미래를 이야기하는 두 사람의 표정은 밝다. 어딘가에서 그들과 작업으로 만날 수 있기를. 그곳에는 만들기의 즐거움과 본질이 담겨 있을 것이기 때문이다.

주 소	삿포로시 미나미구 마코마나이 가미마치 2초메 2-4 札幌市南区真駒内上町2丁目2-4
메 일	info@mikisatoarchi.com
H P	http://mikisatoarchi.com
가는 길	지하철 난보쿠선 '마코마나이역' 도보 15분

11 New Hokkaidou Trip
삿포로 | 텍스타일

점과 선 무늬 제작소
点と線模様製作所

북쪽의 풍경에서 탄생한,
일상을 건강하게 꾸며주는 무늬

아사히카와 주변을 달릴 때였던 것 같다. 취재 중이던 나는 문득 갓길에 차를 세웠다. 그곳에 'mori(숲)'의 무늬와 똑같은 풍경이 펼쳐져 있었기 때문이다. 하늘을 찌를 듯이 빽빽이 솟은 침엽수림이 짙고 옅은 녹색으로 신비로운 모양을 만들어내고 있었다. 홋카이도에서는 무심히 지나치기 쉬운 풍경인지도 모르지만, 내게는 한눈에 들어왔다. 그 불규칙한 농담에 푹 빠져들어 한참을 보고 말았다. 그리고 그렇게 풍경을 바라보는 동안, 나는 바쁜 취재에서 잠시 벗어나 무척 한가로운 기분을 만끽했다.

"가령 집이라는 인공적인 장소 안에 또 다른 인공적인 디자인을 두고 싶지는 않습니다. 사람들이 생활 속에서 자연을 더 가까이 느꼈으면 해서 자연이나 풍경을 모티브로 삼아요"라는 오카 리에코 씨. 그는 2008년부터 홋카이도를 거점으로 '점과 선 무늬 제작소'를 운영하며 주변 풍경이나 정경에서 따온, 사람들이 편안함을 느끼는 도안을 만들어내고 있다.

디자인을 공부한 대학에서 졸업 작품으로 선택한 것이 벽지 제작이었다. 앞으로 나아가야 할 방향을 두고 고민할 때 하고 싶었던 것이 바로 '공간 만들기'였다. 인테리어 디자인이 아닌, 좀 더 소박하고 일상적인 의미의 공간 만들기를 말하는 것이다.

"테이블보나 쿠션 커버만 바꿔도 공간은 크게 달라집니다. 전 그렇게 일상 속에서 변화를 주는 것을 좋아해서 천을 만들어보고 싶었죠. 하지만 교수님께서 천은 쉽게 바꿀 수 있기 때문에 모양의 본질을 공부하기 어렵다며, 그 본질을 공부하려면 벽지를 만들어보라고 지도해주셨어요. 벽지는 금세 벗겨내는 게 아니니까 무늬가 질리지 않고 오래 가야 하죠. 덕분에 패턴의 기초를 배울 수 있었습니다. 대학에서 마지막 1년 동안, 월

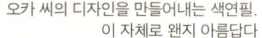
오카 씨의 디자인을 만들어내는 색연필.
이 자체로 왠지 아름답다

리엄 모리스의 디자인으로 패턴이 어떻게 이루어져 있는지 배우고, 이를 바탕으로 홋카이도에서 살 때 필요한 벽지를 만들어봤습니다."

사실 생활하다 보면 무늬란 것을 특별히 의식할 일이 거의 없다. 하지만 매일 눈에 보이는 것인 만큼 당연히 시각을 통해 마음에 영향을 미친다. 어떻게 입느냐에 따라 발랄해 보이기도, 차분해 보이기도 하듯이. 예를 들면 병에 효과가 있는 약초를 무늬로 만들어 착용하거나 뭔가에 새겨 넣는 것은 예로부터 의미가 있었다고 한다. 위로 향하는 모양은 정신을 고양시켜 주고 아래로 향하는 무늬는 마음을 차분하게 가라앉혀 준다. 오카 씨는 무늬가 있는 것의 의미를 이렇게 생각한다.

자택의 아뜰리에에서 스케치 중인 오카 씨

점과 선 무늬 제작소   New Hokkaidou Trip
                      삿포로 | 텍스타일 11

삿포로 시내에 위치한 직영점에서는 원단 외에도 싸개 단추나 덧칼라, 파우치, 손수건 등 다양한 오리지널 상품을 구입할 수 있다

아름다운 풍경을 생활 속에

"제가 만든 무늬가 손님께는 아무것도 아닌 존재였으면 좋겠어요. 가령 방에 둔 쿠션 커버는 일상 풍경 속 일부로 녹아들었으면 해요. 오래 사용할 수 있는 것, 그리고 건강한 것이어야 해요."
무늬는 어떻게 만들어지는 걸까. "풍경을 볼 때는 늘 무늬로 바꿔보곤 해요. 나란히 서 있는 나무가 무늬로 보이기도 하고 겹쳐져 있는 것들이 무늬로 보이기도 하죠. 한번은 엽서를 수집하는 분이 선물을 보내주셨는데, 잔뜩 붙은 우표를 보니 보낸 분의 마음이 느껴지더라고요. 그러면 그 마음을 무늬로 만들어보고 싶기도 하죠. 때로는 무늬가 완성형에 가까운 형태로 떠오르기도 해요. 물론 늘 그런 건 아니지만." 생각해보면 무늬의 소재가 될 만한 것들은 가까이에 아주 많다. 하지만 누구나 다 깨닫는 것은 아니다. 일상 속에 숨겨진 소박한 아름다움과 빛에 가만히 눈길을 주고 '아름답다'고 느낄 수 있는 마음을 갖고 있기에 비로소 무늬로 변환할 수 있는 것이다. 계속 연구하고 그 의미를 끊임없이 찾기 때문에 은은하게 마음을 울리는 무늬를 만들어낼 수 있다. 이게 가능한 것은 그녀가 소박한 아름다움을 볼 수 있는 특별한 눈을 가졌기 때문이라고 생각한다.
우리 집에서 사용하는 아기 띠는 '버드 가든 bird garden'이라는 원단으로 만들어진 것이다. 숲속에서 귀여운 새들이 노래하는 모습은 즐거워 보이면서도 왠지 마음이 차분해지는 느낌이다. 몸에 닿는 아이의 체온에 가슴이 따뜻해지고 새들의 무늬가 절로 발걸음을 가볍게 한다.

주 소 삿포로시 주오구 미나미1조니시 15초메
       1-319 샤토 르 레브 306
       札幌市中央区南1条西15丁目
       1-319 シャトールレーヴ306
시 간 12:00~18:00
전 화 011-215-6627
영업일 목~일요일   주차장 없음
H P   http://www.tentosen.info
가는 길 시전차 '니시15초메역' 도보 2분
       지하철 도자이선 '니시18초메역' 도보 5분
       지하철 도자이선 '니시11초메역' 도보 11분

나뭇결(자연)과 깎아낸 흔적(사람마다 다름)이 공존한다

12 New Hokkaidou Trip
삿포로 | 목공

쓰지아키
辻有希

수작업의 흔적이 아름답게 남겨진
매끄러운 선의 목기

매끄러운 곡선과 면, 단정하고 아름다운 나뭇결. 좀벌레가 파먹은 흔적이 그대로 남아 자연과 사람의 팽팽한 대치와 융화가 엿보이는 아름다운 목기. 제작자가 만들어내는 기쁨이 보는 이에게도 느껴진다.

삿포로 교외의 수산물 가공공장을 젊은 작가가 개조해서 10명 정도가 사용하는 작업장으로 만들었다. 이곳의 한 구석에서 작업을 하는 쓰지 아키 씨. 조용한 말투나 온화한 표정과는 사뭇 다르게, 그녀가 만들어내는 작품에는 단단한 '심지' 같은 게 느껴진다.

어렸을 때부터 늘 공작을 즐겼다는 쓰지 씨. 10대 시절에는 운동에 매진했지만 대학에 진학하면서 "역시 뭔가 만드는 일을 하고 싶다"며 마음을 바꿨다. 나무와 금속을 두고 끝까지 고민하다 일상생활에서 사용할 수 있는 물건을 만들고 싶다는 생각과, 손에 익숙하고 친근하다는 이유로 '나무'를 선택했다. "처음 해보는 거라 그런지 열정이

작업에 집중하자 공기가 갑자기 팽팽해졌다

공동으로 사용하는 작업장

미완성인 작품도 어딘가 신비로운 아름다움을 지니고 있다

폭발했죠. 쉬는 날도 학교에 가서 뭐든 만들었어요. 정말 재미있었어요." 그렇게 제작에 몰두하는 나날을 보냈다. 졸업 후, 가구 회사에서 3년 근무하다 독립. 첫 전시회는 삿포로의 유명 백화점에서 열었다.

"아직도 모르는 게 많습니다. 그래서 하나하나 알아갈수록 더 재미있어요. 나무는 자연물이라 만들다가 휘기도 하고 그래요. 내부에 습기가 남아 있는 재료를 깎으면 나중에 말라서 줄어들기도 하고 둥글게 깎는다고 했는데 타원이 되기도 하죠. 늘 교과서대로 되는 건 아니에요. 그래서 더 느끼는 바도 많고 재미있습니다."

"대패질을 해보기도 하고 끌의 흔적을 남겨보기도 하고 나무의 표정을 보여주기도 하고 옻칠을 해보기도 해요. 전통적인 기술을 살린 것도 공부하면서요."

소재와도 대화하고 자신과도 대화한다. 감성이 이끄는 대로 끊임없이 만들어낸다. 최근에는 천도 액세서리나 모빌, 의자 같은 생활도구도 만드는데 무엇을 만들든 똑같은 마음가짐으로 작업에 열중한다. 물건을 만드는 데 성별도 연령도 중요치 않지만, 그 안에서 다른 누구의 것도 아닌 "나다운 것을 만들고 싶다"는 그녀. 어떤 작품이든 여성이기에 가능한 시점이나 감성을 작품 안에 담는다.

"삿포로 사람들은 모두 정이 많아요. 많은 분들이 힘이 돼 주셨죠. 다른 업계 분들과도 쉽게 인연이 닿아서 디자이너나 건축가와 일할 기회도 많고 재미있어요. 첫눈에 독특하고 예뻐 보이는 것도 물론 중요하지만 사람들의 감각을 깨우는, 더 깊이 있는 작품을 만들고 싶습니다." 작품을 손에 들면 왠지 마음이 설렌다. 그 이유는 그녀의 작품 하나하나에 모두 기쁨이 충만하기 때문이다.

연 소재이기에 가능한, 개성적인 표정을 살리는 작품 만들기에 매진하고 있다.

"요즘은 접시나 액세서리는 100엔 숍에서도 팔 만큼 흔하잖아요. 그래서 저는 전시회에서 손님들과 대화를 하고 생각을 전달해서 정말 마음에 쏙 드는 물건을 선택하게 하고 싶습니다. 애정이 가는 그릇으로 식사를 하면 식사 시간이 더 즐겁고 삶도 더 풍요로워지지 않을까요." 그릇 외에

H P http://akitsuji.com

13 일요일의 쿠키

New Hokkaidou Trip
삿포로 | 수제 과자

日曜日のクッキー

매일이 일요일인 것처럼
행복을 가져다주는 쿠키

선물하고 싶은 패키지

아침에 눈을 뜨면 창문을 열고 시원한 바람을 느끼며 눈앞에 펼쳐진 풍경을 바라본다. 새들이 요란하게 지저귀며 맛있는 것을 나르고 있다. 그 이름은 '일요일의 쿠키'. 부드러운 맛의 소프트 쿠키가 인기인 수제 과자집이다.

가게의 유리 너머로 주방이 보인다. 재료는 엄선한 홋카이도산 밀과 버터. "기계를 사용하면 기계 맛이 난다"는 생각 때문에, 계량부터 성형까지 모든 과정을 일일이 수작업으로 진행한다. 귀여운 로고와 장식으로 꾸민 내부는 나무의 온기로 가득해, 커피와 함께 즐기며 잠시 쉬었다 가기 좋다. 내가 먹기에도 좋고 선물용으로도 좋아 부담 없이 들를 수 있다.

가게의 주인은 아이다 키와코 씨. 출판사에서 근무하며 15년 정도 도쿄에 거주하다 고향인 삿포로로 돌아왔다. 어느 날 우연히 지인의 소개로 찾은 쿠키 가게. 쿠키 맛도 일품이지만 패키지도 귀여웠다. 단것을 별로 즐기지 않는 아이다 씨였지만 삿포로에 이런 과자가 있다는 것에 감동했다고 한다.

"그 가게는 영업이나 인터넷 기획을 담당하는 분이 없었어요. 그래서 전 직장의 경험을 살려 제가 하기로 했죠. 제가 앞장서서 이 가게에 대한 소문을 퍼뜨리고 싶을 만큼 반해버렸거든요. 재료도 몸에 좋은 것을 사용하니, 새 상품을 팍팍 만들어내서 많은 분들이 다양한 맛을 즐겼으면 하는 바람이 커졌어요." 그러나 가게가 문을 닫게 됐다. 결국 그는 독립해서 직접 가게를 열었다.

과자의 이름도 독특하다. 안에 딸기잼이 든 '외로움쟁이 딸기', 초콜릿이 듬뿍 든 '우쭐대는 가토 쇼콜라', '미안해요 티라미수', '거짓말을 못 하는 호박', '비밀 이야기 말차 초코'…….

"마음에 와 닿는 이름을 붙이고 싶기도 했고 특별함을 주고 싶었어요. 평범한 쿠키가 아닌, 표정이 보여서 그때그때 기분에 따라 고를 수 있는 쿠키. 고르는 즐거움, 선물하는 즐거움도 드리고 싶었어요. 그런 것도 생활 속에서 발견할 수 있는 작은 행복 아닐까요."

삿포로에 돌아온 지 5년. 쇼핑하러 가는 것도, 바다나 산 같은 자연도, 사람과 사람의 거리감도, 모든 것이 편안하다. 겨울에 몹시 춥다는 사실만 빼면. "도쿄에서 살 땐 바빠서 깨닫지 못 할 때가 많

밝은 가게 내부. 안에서 먹고 가도 좋다. 지역 작가의 작품들도 장식되어 있다

앉는데, 삿포로의 삶은 여유가 있으니까 소소한 행복을 많이 발견하게 돼요."
독특한 이름과 귀여운 포장, 창가에 앉은 새 일러스트가 유쾌한 노란 간판. 아이다 씨가 직접 과자를 굽진 않지만, 이 가게에는 그녀가 만들어주는 '작은 행복'이 담겨 있다. 매일이 일요일인 것처럼 평화로운 마음으로 살 수 있다면 이보다 더 멋진 일은 없을 것이다.

주　　소	삿포로시 주오구 미나미1조니시 21초메 1-23 札幌市中央区南 1 条西21丁目1-23
시　　간	11:00~19:00
전　　화	011-215-6881
정기휴일	수요일　　주차장 있음
H　　P	http://nichiyobi-no-cookie.com
가는 길	지하철 도자이선 '니시18초메역' 도보 5분

사토 씨의 독특한 감성으로 탄생한 브로치

14 New Hokkaidou Trip
삿포로 | 도기

사토 미치코
さとうみちこ

아름다움을 묻는 듯한,
매혹적인 흙의 조형

삿포로 시내의 낡은 주택을 개조한 공방에서 흙으로 화기나 브로치 등을 만드는 사토 미치코 씨. 하얀 벽에 삼각형의 녹색 지붕, 현관문을 열고 안으로 들어가면 낡은 일식 옷장과 하얀 꽃병이 보인다. 반갑게 맞아주는 사토 씨는 조용하고 부드러운 분위기 속에 강한 심지가 느껴지는 사람이었다.

"절 소개할 때 도예가라고 하진 않아요. 흙을 사용하지만 식기를 만드는 것도 아니고, 그렇게 말하긴 뭔가 좀 어색하고 쑥스러운 기분이 들어서요."

사토 씨가 제작하는 화기는 여성스럽고 부드러운 모양이 아름답지만 존재감이 강하진 않다. "왜냐하면 주인공은 꽃이니까요." 더 특징적인 것은 그녀가 만드는 브로치다. 브로치의 모티브는 사토 씨가 아름답다고 느낀 다양한 것들. "현미경 속으로 보이는 세포나 곰팡이가 번식하는 느낌, 그런 걸 보면 아름답지 않나요? 나뭇잎의 잎맥도 예쁘고 혈액이나 DNA의 나선형도 좋아해요. 친구들은 '미치코의 헤모글로빈적 세계'라고 해요(웃음)." 그 밖에도 창에 달라붙은 물방울이 이미지인 '결정', '거북이 등껍질 모양'이나 '섬유질' 등 눈길을 주는 부분이 남들과는 조금 다르다.

그녀는 "그림과 공작을 잘하는 아이"였다고 한다. 디자인 학교에 진학해서 공예 디자인 코스를 전

공한 것은 디자인과 미술에 관심이 많았기 때문이다. 그곳에서 미지의 세계였던 도예를 접하게 되었는데 '딱 맞았다'. "물건이 만들어지는 건 정말 굉장한 거구나 하고 생각했어요. 흙을 만졌을 때 그릇이라는 실제의 물건이 만들어져 나오는 게 정말 대단하게 느껴지더라고요."
졸업한 뒤에는 도예교실에서 아르바이트를 하며 틈틈이 자신의 물건을 만들곤 했지만, 역시 "만드는 일을 하고 싶다"는 생각이 점점 강해졌다. 그림과 공작을 좋아했던 소녀는 "수예든 그림이든 할 수 있는 걸로 뭐든 만들어내고 싶다"는 바람을 흙이라는 훌륭한 매체를 만나 실현해나간다. 그리고 아르바이트를 해서 모은 돈으로 전기 가마를 구입해서 작품 만들기에 더욱 힘을 쏟게 된다. "만지고 있으면 기분이 좋아요. 아주 심오하고 관능적인 작업이죠."
'도예'로서 기술적인 부분은 평가할 수 없지만, 그녀는 스스로를 자신만의 독특한 '심미안'을 가진 온리 원의 창작자라고 생각한다. 자신의 눈으로 '아름다움'을 발견하지만 결코 그것을 강요하지 않는 겸손한 분위기가 그녀의 작품을 더 돋보이게 한다. 브로치가 주인공이 아닌, 착용한 사람의 기분이 밝아질 수 있도록, 화기가 주인공이 아닌, 꽃과 꽃을 장식하고 싶은 사람의 마음을 소중히 여길 수 있도록 배려하는 그녀. 자신의 표현을 강하게 주장하지 않지만, 자신이 발견한 아름다움으로 사람들의
마음을 밝게 만들어준다.

H P   http://utuha-hana.jugem.jp

2

새 로 운
홋카이도 여행

삿포로 주변

Around SAPPORO

삿포로에서 차로 몇 시간.
조금만 발을 뻗으면 만날 수 있는 풍요로운 자연의 땅

홋카이도 여행을 계획할 때 주의해야 할 점은 거리감입니다. 욕심을 부려 짧은 시간에 "하코다테에 갔다가 삿포로로 이동하고 아사히가와로 넘어가서..." 이런 생각을 하기 쉬운데, 홋카이도는 매우 넓어서 이동 시간이 생각보다 훨씬 길어지는 경우가 많습니다. 다만 조금 분발해서 삿포로 시가지에서 2~3시간 차로 달리면 갈 수 있는 매력적인 지역 몇 군데를 가는 것은 괜찮습니다 (물론 전차를 택해도 좋습니다). 유명한 곳으로 오타루와 니세코, 도야코 등이 있습니다. 모두 삿포로와는 전혀 다른 풍경과 정취를 가지고 있습니다. 완벽하게 관광지가 된 곳도 있지만, 대체로 풍요로운 자연과 느긋한 분위기를 간직하고 있습니다. 전차로 약 40분이면 갈 수 있는 오타루는 메이지나 다이쇼 시대 건물들이 남아 있어 향수를 불러일으키는 운치 있는 곳입니다. 운하 주변이나 구 데미야선의 철길 등은 사진 찍기에 그만입니다. 실은 오타루 근처에 취재하고 싶었던 가게가 몇 군데 있었는데, 그중 하나가 '우구이스 버드케이지'라는 카페와 '에그 비브'라는 빵집입니다. 장작 화덕에 구운 빵이 무척 맛있어서 다른 지역에서도 주문이 들어올 정도라고 하네

Around SAPPORO

한적한 풍경 속에 있는 사람들의 생활

요. 빵집 하면 니세코 앞의 맛카리무라에도 '블랑제리 진'이라는 멋진 빵집이 있는데, 정말 홋카이도와 빵의 궁합은 최고인 것 같습니다.

니세코와 도야코도 삿포로에서 차로 2시간 거리에 있습니다. 니세코는 스키와 등산, 온천이 유명한 관광지입니다. 도야코 지역 역시 온천이 유명한데, 취재한 램야트는 중심지를 기준으로 호수 반대편에 있습니다. 램야트 주변에도 카페와 잡화점이 몇 곳 있어 둘러볼 수 있고, 호수 위로 유유히 노니는 백조들과 호반에서 캠프를 즐기는 사람들의 모습이 더없이 평화로워 보여서 느긋하게 쉬고 싶은 마음이 절로 듭니다. 두 곳 다 '에조(홋카이도의 옛 이름)후지'라고 불리는 요테이산의 경치가 압권입니다.

취재차 찾은 또 다른 지역은 유바리 군 나가누마초. 신치토세 공항에서 가까울 뿐만 아니라 카페도 곳곳에 있어서 드라이브 겸 찾는 사람이 많다고 합니다. 6월의 풍경도 아름다웠지만, 논에 둘러싸인 '샨디 니바스 카페 Shandi nivas cafe'의 사카모토 씨는 "모든 것이 새하얗게 물드는 겨울 풍경이 정말 아름다워요. 그러니 다음에는 꼭 겨울에 와 보세요."라고 조언을 해주었습니다.

15 니세코 | 카페
New Hokkaidou Trip

다카노 커피점
高野珈琲店

조용히 흐르는 농밀한 시간,
커피와 비가 어울린다

안개 같은 가랑비가 주변을 촉촉이 적신다. 고요하다. 여행하며 비를 만나는 것도 나쁘지 않다. 다카노 커피점은 이런 작은 행복을 가르쳐준다. 소위 '찻집' 같은 가게 안에는 장작 스토브가 놓여 있고 창가에서 보이는 녹색 풍경이 그림 같다. 주문이 들어오면 채프(볶은 원두의 얇은 껍질이 남은 것)를 정성껏 골라낸 뒤, 종이 필터로 핸드드립 커피를 내린다. 물은 미네랄 함량이 극도로 낮아 원두의 맛

이 그대로 나온다는 요테이산의 용수를 사용한다. 이날 마신 것은 엘살바도르 시베리아 농장의 커피. 맛의 층이 복잡하고 깊게 겹쳐져, 식으면 맛이 더욱 깊어진다. 원두의 선도를 중요시해서 구입한 지 1년 이내의 생두만 로스팅하고 로스팅한 것은 일주일 안에 모두 판매한다.

하코다테와 삿포로 출신인 다카노 다이이치로, 히로미 씨 부부. 삿포로에서 각각 공무원과 조리사로 일하다 언제부턴가 "시골에서 살면 좋겠다"는 이야기를 했다고 한다. 휴일이면 드라이브를 자주 다녔는데, 이 니세코가 점점 눈에 들어와서 찾는 일이 많아졌다. 그래서 땅값이나 알아볼까 하는 생각에 잡지에서 본 부동산을 방문했다고 한다. 바로 그날 원래는 밭이었던 이 땅을 소개받자마자 한눈에 반해버렸다고. 두 사람은 그 즉시 퇴직을 알아보고 이주를 결심했다.

조용하고 느긋하게 흐르는 시간

"불안한 마음은 전혀 없었습니다(웃음). 이런 곳에 누가 찾아오겠냐며 주위에서 만류했지만, '그럼 농사라도 짓지 뭐' 하고 생각했어요. 어차피 나이도 있어서 일자리를 찾는 것도 쉽지 않은데, 그럴 바엔 우리끼리 가게를 해보자고 마음먹었습니다. 부정적인 생각은 조금도 하지 않았어요."
기초공사는 목공소에, 수도, 전기, 양철 지붕은 업자에게 맡겼지만, 그 밖의 것은 전부 직접 해냈다. 2007년 6월에 착공해서 2008년 8월에 무사히 가게를 오픈했다.
"커피를 좋아하기도 하고, 근처에 자가 로스팅 가게가 없기도 해서 직접 로스팅을 하기로 했습니다. 저희가 마실 것도 필요하니 1석 2조예요." 마침 스페셜티 커피가 퍼질 때였던 것도 한 몫 해서 특별히 홍보를 하지 않아도 순조롭게 손님이 늘었다고 한다. 생두는 도쿄의 '호리구치 커피'에서

가게에서 직접 만든 디저트. 이날은 '카페 모카 타르트'

구입하는데, 좋아하는 커피가 뭐냐고 물었다. "이디오피아나 동티모르 원두를 좋아해요. 코스타리카도. 코스타리카는 밝고 화려한 느낌이에요. 마시면 기분이 밝아지는 아름다운 원두죠"라고 눈을 반짝이며 대답했다.

"조용한 시간 속에서 느긋하게 보내셨으면 해요. 니세코는 시골이지만 사람들의 교류가 왕성하고 활기가 넘친답니다. 그리고 세계 각지에서 온 이주자들을 반갑게 맞아주는 넉넉한 품을 갖고 있죠." 언젠가는 마당에서 염소를 키워보고 싶다. 텃밭도 제대로 일구고 싶다. 때로는 일주일씩 집터 밖으로 나가지 않을 때도 있지만, 그래도 전혀 심심하지 않다고 히로미 씨는 말한다. 그윽한 한 잔의 커피처럼 조용하지만 농밀하게 흐르는 시간. 그 안에 잠겨 있으니, 그 기분을 이해할 수 있을 것 같았다.

주 소	아부타군 니세코초 아리시마 126-90 虻田郡ニセコ町有島126-90
시 간	10:00~18:00, 원두 판매는 19:00까지
전 화	0136-44-1620
정기휴일	화·목요일 　주차장 있음
H P	http://www.takano-coffee.com
가는 길	도로 휴게소 '니세코 뷰 플라자'에서 국도 5호선을 타고 굿찬 방면으로 2km '아리시마 기념관(有島記念館)' 붉은 안내간판을 끼고 좌회전한 뒤 900m

니세코의 숲에 둘러싸여 자연과 융화된 모습

16 New Hokkaidou Trip
니세코 | 빵

SEED BAGEL & COFFEE COMPANY

시드 베이글 & 커피 컴퍼니

니세코의 숲에 둘러싸인,
이음매가 없는 베이글 집

취재를 위해 방문한 것이 2016년 6월, 그때 오픈 시간은 8시 반이었다. 주인장 히라노 다이스케 씨는 아침 5시부터 베이글을 만들기 시작해서 7시쯤엔 멜론 밭에 가고 8시쯤엔 도로 휴게소 등에 납품을 하고 온 뒤, 오픈을 준비한다. 2017년 2월의 영업시간은 10~16시. 히라노 다이스케 씨는 "시행착오를 거쳤죠. 끊임없이 생각하는 게 중요해요. 매번 더 나은 방법을 찾아가면서 하는 수밖에 없어요."라고 말했다.

구시로 출신인 그는 기계공학을 전공하고 설계 일을 하다 스노보드를 타기 위해 뉴질랜드로 떠났다. 홋카이도로 돌아온 뒤에는 리조트에서 아르바이트를 했고, 니세코의 산이 좋아 이주한 뒤로 호텔에서 일하며 휴일에는 스노보드를 즐겼다. 그러다 호텔 오너가 바뀌면서 많은 동료들이 해고되자, 누군가에게 의지하지 않고 내 힘으로 생활하고 싶어 가게를 시작했다. "사람들과 만나는 장소를 좋아합니다. 손님이 찾아오고, 그 손님이 저를 통해 또 다른 누군가와 친해지는 게 기뻐요. 허브 같은 역할이랄까요. 그 수단이 바로 카페라고 생각합니다."

그리고 독학으로 여기까지 왔다. 눈여겨봐뒀던 멋진 에스프레소 머신을 구입해서 커피도 공부했다. 베이글을 택한 이유는 "모양이 귀여워서". 도

베이글이 아주 쫄깃하다. 이음매가 없어서 '속'이 고르게 들어간 것도 특징

서관에서 빌려온 책을 보고 직접 만들어봤는데 자신이 생각해도 꽤 맛있는 결과물이 나와서 본격적으로 만들기 시작했단다.
"더 맛있게 만들기 위해 최대한 좋은 재료를 쓰고 좋은 방법을 선택합니다. 덕분에 원가가 높아졌죠(웃음). 모양을 만들 땐 이음매를 없애고 싶어서 반죽을 안쪽으로 말아 넣는 방법을 고안했습니다. 일반적인 방법과는 거리가 있어서 금세 손목 건초염에 걸릴 만큼 힘들지만 이렇게 만들면 훨씬 맛있어요."
가게를 오픈하고 운 좋게 지역 잡지에도 소개되어 손님은 쑥쑥 늘었다. 매진되어 더 팔지 못하는 게 아쉬웠던 히라노 씨는 베이글을 더 많이 굽기로 했다. 그 결과 "손님이 많은 주말에는 니세코를 떠나고 싶을 만큼 힘든 거예요. 자유롭게 살고 싶어서 여기 왔는데 이건 아니다 싶었죠. 그래서 결국 굽는 양을 줄였습니다. 그 뒤로는 제 페이스를 지키고 있어요."
그는 이 장소를 통해 사람들과 알게 되는 것이 매우 즐겁다고 한다. 현재 함께 일하는 오가와 미쓰키 씨도 실은 이곳을 찾은 손님이었다고. "손님이 한 명이면 바로 다가가서 말을 겁니다." 히라노 씨의 말이다. 옆에 있던 오가와 씨가 웃으며 말한다. "도쿄에서 혼자 오신 손님이 안누푸리산에 갈 거라고 하니까 '저도 같이 가요' 하더니 저한테 가게를 맡기고 진짜 가버리더라고요." 그 인연이 이어져 도쿄의 이벤트에 참가했을 때도 안누푸리산에 함께 갔던 그 손님의 도움을 받았다. 히라노 씨의 밭 '더 비 앤 더 팜THE BEE & THE FARM'의 로고 디자인을 해준 사람도 손님이었다.
"손님을 맞이하고 좋은 시간을 보낼 수 있도록 하는 게 가장 중요한 것 같아요. 농사일을 시작하고 나서 여기 사는 게 더 좋아졌어요. 산나물도 캐고 낚시도 하고 버섯도 따고. 자연 속에서 사는 게 정말 좋습니다." 재작년에는 농가 자격을 따서 4500평 정도의 밭에서 멜론을 재배하기 시작했다. "전하고 싶은 일은 바로 해야 돼요." 환하게 웃는 히라노 씨의 행복한 표정이 매우 인상적이었다.

주 소 아부타군 니세코초 아리시마 61-5
    虻田郡ニセコ町有島61-5
시 간 10:00~16:00
전 화 0136-55-5331
정기 휴일 부정기   주차장 있음
H P http://seedbagel.com
가는 길 JR '니세코역'에서 차로 10분

베이글로 사람들과 이어진다, 사람들을 이어준다

개점 준비를 하는 두 사람, 호흡이 척척 맞는다

북유럽 스타일 의자가 인상적인 심플하고 모던한 내부

17 New Hokkaidou Trip
도야 호수 | 빵

램야트
ラムヤート

마음 편안한 생활의 자리를 만들어내는
호숫가 빵집

묵직한 존재감이 느껴지는 소박한 빵들이 놓여 있다

느긋하지만 손님의 발길이 끊이지 않는다

계절의 흐름까지 담아내는 빵

도야 호수 가장자리에 담쟁이덩굴에 뒤덮인 한 빵집이 있다. 시행착오를 거치며 손으로 직접 만들었다는 장작 화덕에 기계나 전기를 거의 쓰지 않고 빵을 굽는다. 빵 굽기는 제빵장인 곤짱 담당. 밀과 과일로 직접 만든 천연효모를 사용하고 반죽을 치댈 때도 거의 힘을 쓰지 않는다. 반죽을 5분 정도 이기면 다른 일을 하고, 20분 정도 후에 물기를 흡수해서 딱 알맞게 촉촉해지면 소금을 더 첨가해서 한 번 더 차지게 반죽한다. 놔두는 장소도 계절에 따라 변하는 기온과 습도에 맞게 바꾼다. 이런 과정을 여러 번 반복. 반죽기 등을 쓰지 않고 공들여 반죽함으로써 빵이라는 형태에 더 가까워질 수 있다고 한다. 전립분, 현미가루는 '도야 아베 자연농원'의 저농약 제품을 사용한다. 천연소금을 쓰고 그 밖의 재료는 유기농 제품을 쓴다. 발효기를 사용하지 않고 자연적으로 발효시키기 때문에, 기온이 높은 여름에는 발효가 빠르고 겨울에는 느리다. 대신 시간이 걸리는 만큼 산미가 적은 부드러운 맛이 난다. 이처럼 빵에서 계절의 변화까지 엿볼 수 있다.

"때가 되면 바꿔줘야 하는 가전제품이나 TV, 휴대전화는 갖고 있지 않습니다. 가지려 하지도 않고요. 생활에 들어가는 비용이 적으면 덜 벌어도 되니까요. 그래서 작년에는 영업일을 이틀로 줄였습니다. 아이들과 함께 시간도 보내고 호수도 구경하고, 그런 개인적인 시간을 늘리고 싶어서요. 앞으로는 느긋하게 살고 싶어요."

가게는 주말 이틀만 오픈하고, 1월부터 3월은 동절기 휴가를 갖는다. 내가 방문한 날은 6월의 어느 화창한 날이었다. 잔잔한 호수 위에는 백조들이 물결의 흐름을 따라 느긋하게 노니는 한없이 평화로운 때였다. 이곳은 관광객들이 많이 찾는 도야 호수의 온천가를 기준으로 호수 반대편에 있어서 '우라도야'라고 불리는 구 도야무라다. 주변에는 카페와 잡화점이 곳곳에 있다. 램야트 옆에는 삿포로에서 이주해 온 다카노 토모코 씨가 운영하는 식품점 '토이타 toita'가 있고, 램야트 뒤로는 앤티크 원단을 취급하는 '니 nii', 수제 과자점

'시마리스야'가 있다. 모두 곤노 씨가 폐자재 등을 이용해서 가정집을 개조하거나 새로 지은 곳들이다. 램야트를 오픈한 지 10년, 그사이 이곳은 일과 삶에 대해 비슷한 가치관을 가진 사람들이 하나둘 모여 큰 커뮤니티를 만들어냈다. 그래서일까, '우라도야'라는 지역은 하나의 집합체로서 포근한 분위기를 담고 있다.

고등학교를 졸업한 뒤 삿포로에서 10년 정도 살았지만, 도시 생활에 점점 피로를 느낀 곤노 씨. 그는 안주할 땅을 찾고자 홋카이도 곳곳을 누볐다. 그 끝에 다다른 곳이 도야 호수 주변이라고. "호수와 마을이 모여 있어 좋은 장소라는 생각이 들었습니다." 곤노 씨는 아무것도 정해진 것 없이 바로 이주했다. 그때 비어 있었던 것이 지금의 가게 자리라고 한다. 목수인 친구가 "다 쓰러져가는 집을 업자에게 맡기면 새 집을 짓는 것과 다름없

가까이에 좋아하는 것이 있다면

뒤에 있는 구움과자집 '시마리스야'

양철지붕이 인상적인 손수 지은 집

램야트

램야트 옆에는
식품점 'toita'

주　　소	아부타군 도야코초 도야마치 128-10
	虻田郡洞爺湖町洞爺町128-10
시　　간	10:00~16:00
전　　화	0142-87-2250
정기 휴일	토 · 일요일 · 공휴일(1~3월은 휴점)
주 차 장	맞은편의 '도야 미즈노에키' 주차장
H　　P	http://www.facebook.com/ ラムヤートとマダ名モ無イオニギリ屋仮名-310172109001083/
가 는 길	JR 무로란본선 '도야역'에서 차로 약 20분

는 비용이 들 것"이라고 했다. 그래서 직접 고치기로 결심한 게 지금의 목공 일을 시작한 계기라고. 집을 고치면서 그는 한산하고 고적한 상점가가 북적북적해지길 바라는 마음에서 가게를 내기로 결심했다. 사이타마에서 빵집을 경영하던 동생을 초빙해서 빵집을 오픈했다. 지금 동생은 독립해서 나가고 곤짱이 빵을 굽고 있다.

"전 밖에 나가는 것을 귀찮아하는 성격이라 멀리 떠나고 싶은 욕구도 없고 외국에 나가본 적도 없습니다. 가까이에 좋아하는 게 다 있다면 굳이 멀리 나갈 필요가 없잖아요. 작업을 멈추고 가만히 있으면 외롭다는 생각이 들기도 했죠. 하지만 제가 친구들을 불러들여서 이젠 가게도 많아졌어요. 이렇게 아름다운 경치를 두고 굳이 다른 데 갈 필요가 있나요."

18
New Hokkaidou Trip
유바리 | 카페

Shandi nivas cafe

산디 니바스 카페

논 사이에 있는
'평화로운 장소'라는
이름의 카페

홋카이도의 거의 중앙, 개척 전 이 곳에 늪의 형태가 남아 있던 것에서 유바리군 나가누마초라는 이름이 유래되었다. 논이 펼쳐진 한가로운 풍경 속에 마치 보초병처럼 둘러싼 나무들 사이로 산디 니바스 카페 Shandi nivas cafe가 있다. 겨울엔 새하얗게 물들지만, 내가 방문한 6월에는 푸른 잎사귀들이 흔들리고 나무 사이로 통과한 햇빛이 하얀 벽에 아름

카페를 지키듯이 나무들이 든든하게 버티고 있다.

다운 모양을 그리고 있었다.

"원래 오래된 것을 좋아해서 고칠 수 있는 낡은 물건을 찾았습니다. 그러다 여기를 보고 딱 이거다 싶었죠. 내장은 물론 테이블도 발판널을 씻어 오일을 바르고 철제 다리를 용접으로 붙여서 직접 만들었습니다." 문을 열면 펼쳐지는 나무와 손때 묻은 온기가 넘치는 공간, 이 공간에 오랜 시간 머물고 싶어진다.

가게의 주인은 사카모토 게이지 씨와 에미코 씨 부부. 20대 시절에는 배낭을 메고 약 6년간 전 세계를 돌아다녔다고. 그러면서 머릿속에 그렸던 것이 두 가지 있었다. 하나는 '손님이 행복해지는 장소를 만들고 싶다'는 것과 또 하나는 '산을 보면서 자신들이 꿈꾸는 삶을 사는 것'. 그래서 내린 결론은 인도 카레 전문점. 여행 중 매력에 푹 빠진 인도 카레를 파는 카페를 열기로 했다. 일본에 돌아와서 각각 레스토랑과 천연효모 빵집에서 일하며 음식업의 기본을 배운 뒤, 꿈꾸는 삶을 실현할 수 있는 장소를 찾기 시작했다. 부부 각자의 본가로부터 중간 지점인 시즈오카에서 살아보기도 하고, 고향인 우쓰노미야 근처 나스 지역에서는 카레 이동판매를 하기도 했다. "우리에게 딱 맞는 더 나은 장소가 있을 것이다"라고 생각했기 때문에 점포를 갖지 않고, 대신 지방 이벤트 등에 참가하며 살 곳을 찾았다고 한다. "추운 곳에서 살고 싶었어요. 눈이 오면 예쁘고 산도 자연림이 남아 있어서 사계절이 아름다우니까요. 계절감을 느끼며 살고 싶어서 홋카이도에서 살 곳을 찾아보기로 했습니다."

행복해지는 장소가 되기를

shandi nivas cafe

인도에서 배워왔다는 스파이시한 카레. 지역에서 난 채소를 곁들였다

커다란 다이닝 테이블도 직접 만든 것, 부드러운 빛에 싸인 공간

최대한 정성을 담고 싶다

부부는 지인에게 "나가누마라는 곳이 좋더라"는 이야기를 듣고 찾아가봤다. "추천받은 가게 분들이 정말 좋았어요. 삿포로에서도 가깝고 공항에서도 가깝고요. 카페가 많아서 드라이브 하러 오는 사람이 많은 것도 좋았습니다." 1년 동안 찾아다니다가 발견한 가게 자리는 무려 10년간 비어 있어 폐가나 다름없었다. 하지만 '안에 들어선 순간 이미지가 번뜩 떠올라서' 이곳에 가게를 열기로 결심했다고 한다. 다른 일을 하면서 1년 정도 준비를 거쳐 마침내 오픈. 이 가게에서 내놓는 것은 향신료가 듬뿍 들어 있어 몸속에서부터 따뜻해지는 카레. 이 날 주문한 것은 '2종의 카레' 중에서 '치킨 마살라'와 '새우와 코코넛'. 인도에 가서 배워온 카레를 '일본의 밥에 맞도록' 개량했다. 곁들이는 채소는 가능한 한 홋카이도에서 난 무농약 채소를 쓴다.

"만들 때도 내놓을 때도 최대한 정성을 담으려고 합니다. 이 마음을 앞으로도 변함없이 유지하는 게 중요하겠죠."

이곳에는 일이든 삶이든 '지금'을 소중히 여기는 두 사람의 마음이 가득하기 때문에, 이곳을 찾는 이들의 마음에도 평온을 가져다주는 힘이 있다.

주 소	유바리군 나가누마초 히가시4센미나미 10 夕張郡長沼町東4線南10
시 간	수-일 11:00~18:00(L.O. 17:00)
전 화	0123-76-7306
정기휴일	월 · 화요일(월요일이 공휴일인 경우, 화 · 수)
주차장	있음
H P	http://shandinivas.jugem.jp
가는 길	삿포로에서 차로 1시간 신치토세 공항에서 차로 30분

19 TAKIZAWA WINERY
New Hokkaidou Trip
미카사 | 와인

타카자와 와이너리

와인을 만들며 자연과 함께 하는 생활,
삶 속에서 태어난 와인

주　　소	미카사시 가와나이 841-24 三笠市川内841-24
시　　간	10:00~16:00
전　　화	0126-72-6755
정기 휴일	4~11월은 화요일, 12~3월은 토 · 목요일
주 차 장	있음
H　　P	http://www.takizawawinery.jp
가 는 길	삿포로에서 차로 약 1시간 JR 하코다테본선 '미네노부역'에서 차로 약 5분

"자연이기에 매년 조건과 환경이 달라집니다. 어느 해는 비가 많이 오고 어느 해는 바람이 강하고요. 작년에 좋았다고 해서 올해 또 좋은 와인이 만들어진다는 보장이 없죠."
삿포로에서 30여 년 커피 전문점을 경영했던 타키자와 노부오 씨. 그가 다음으로 선택한 것은 '와인'이었다. 가게를 처분하고 뉴질랜드로 여행을 떠났다. 그곳에서 과일향이 짙고 향이 풍부한, 이상향에 가까운 와인을 만났다. 그가 방문한 크라이스트처치의 포플러 나무가 서 있는 목장의 풍경은 어딘가 홋카이도와 비슷했다. 57세의 나이에 미카사시의 야마자키 와이너리에서 2년간 경험을 쌓고, 근처로 이농하면서 20년간 버려진 농지를 구입. 2년에 걸쳐 개척하고 토양도 바꿔 피노 누아 500그루, 소비뇽 블랑 700그루를 심었다. 그로부터 3년 만에 첫 수확을 하고 피노 누아로 60병, 소비뇽 블랑으로 150병의 와인을 생산했다. 뉴질랜드를 다녀온 후 7년 만의 성과였다.
눈이 내리기 전에 가지치기를 하고 겨울을 지나 봄이 되면 쓰러진 나무를 일으켜 세워 줄로 연결한다. 본격적인 작업이 시작되는 것은 골든 위크

가 끝나고부터다. 새순이 나오면 필요한 만큼만 남기고 솎아내고 아래쪽은 잡초를 베어준다. 6월 하순부터 7월에 걸쳐 꽃이 핀다. 꽃이 피는 기간은 3~4일 정도인데, 그때 비가 내리면 열매를 채맺지 못하고 떨어져 버려서 수확량이 줄어든다고 한다.
"포도나무는 말을 못하기 때문에 늘 신경을 써줘야 합니다. 그래서 세심하지 못하면 좋은 포도를 키울 수 없죠." 그렇게 만들어지는 것이 이 와이너리의 간판이라 할 수 있는 '타키자와 로제'. 2016년에는 피노 누아, 소비뇽 블랑 등 8품종을 블렌드했는데, 모든 포도를 야생효모로 발효하고, 정제와 여과 과정을 전혀 거치지 않아 프루티함이 더해졌다.
"가장 중요한 건 날씨입니다. 예를 들면 비가 내리기 전에는 매미가 울고 습기를 머금은 바람이 붑니다. 이렇게 자연이 주는 시그널을 오감으로 느낄 수 있게 되죠. 계절감이 있고 그것을 기쁨으로 느끼는 삶. 자연스럽게 좋은 것을 좋다고 느낄 수 있게 순수한 마음으로 살아가고 싶습니다. 와인 만들기는 제가 꿈꾸는 삶을 실현하기 위한 일입니다."

자작나무 사이로 보이는 와이너리

식물에게 애정을 쏟듯이 밭을 거니는 타키자와 씨

3

새　로　운
홋카이도 여행

아사히카와
비에이 · 후라노

ASAHIKAWA / BIEI / FURANO

아름다운 자연이 빚어내는 사계절의 경관
그 은총 속에서 성장하는 사람과 물건

ASAHIKAWA / BIEI / FURANO

아사히카와 하면 역시 '아사히카와 동물원'이 유명합니다. 삿포로시 다음으로 인구가 많은 홋카이도 북쪽지역의 대표 도시이고요. 아사히카와 공항에는 도쿄, 나고야, 오사카 등의 직항편이 있어 비교적 접근성도 좋습니다. 가구나 목재, 나무제품의 주요산지이기도 하죠. 이 지역에서 생산되는 가구는 '아사히카와 가구'라는 하나의 브랜드가 되었습니다. 애초에 마을이 조성되기 시작했을 때부터 일본 전국에서 목공장인들이 이주해오는 등 '목공'과 아주 밀접한 지역이었지요. 아사히카와시 바로 옆에 있는 히가시카와초도 들러보면 좋을 듯합니다. 취재를 허락해주신 '레스 하가시카와 Less Higashikawa', '솔트 SALT' 외에도 카페와 갤러리가 곳곳에 많은데, 그 중에서도 '북쪽 생활 설계사'의 카페&베이커리가 인기입니다. 일본 최대의 국립공원인 '다이세쓰산 국립공원'의 일부에 속해 있고 '사진의 거리'를 표방할 만큼 거리 풍경은 한 폭의 그림처럼 아름답습니다. 덕분에 관광객은 물론 이주민들에게도 주목받는 지역이지요. 참, 이바젠의 주인이 안내해준 '피크닉 picnic'이라는 카페도 분위기가 무척 좋았습니다(이날 손님이 많아서 들어가진 못했지만).

또 이 지역에서 손꼽을 정도로 인기 있는 곳이 후라노와 비에이입니다. 비에이 하면 언덕을 패치

워크처럼 물들인 꽃밭과 밭의 풍경이 떠오릅니다. 유명한 '세븐스타 나무'나 '켄과 메리의 나무'가 있는 곳은 '패치워크 로드'로 불리는 지역. '시키사이노오카 언덕'의 꽃밭과 '아오이이케 연못' 등 이곳에만 있는 아름다운 경치를 구경할 수 있습니다. 비블레의 사이토 씨 말에 따르면, 이 지역의 농가는 연작 장해를 피하기 위해 밭에 매년 다른 채소를 재배하는 경우가 많다고 합니다. 그래서 매년 패치워크 모양이 다르다고. 오직 그 해에만 볼 수 있는 경치라고 생각하니 왠지 로맨틱하게 느껴지네요. '솔트SALT'는 비에이에 있는 '자가 로스팅 커피 고쉬'의 원두를 사용합니다. 좌석이 마련되어 있어 느긋하게 커피의 맛을 즐기고 갈 수 있지요. 〈북쪽 나라에서〉라는 일본 인기 드라마의 로케지로 유명한 후라노는 단연 라벤더 밭

자연이 만들어내는 아름다운 풍경 속에서

이 최고. '팜 도미타'에 가시면 눈앞에 가득 펼쳐진 라벤더를 마음껏 감상할 수 있습니다. 꽃을 보고 싶다면 꼭 시기를 알아보고 가시기 바랍니다. 후라노에서는 고료의 두 분이 '양고기 샤브샤브'를 파는 '센나리'라는 가게에 데려가주셨는데, 음식이 담백하고 아주 맛있었습니다. 작은 골목에 있는 '헤소 환락가'는 성인을 위한 지역. 하지만 복고적인 느낌이 들어 즐거웠습니다.

20 New Hokkaidou Trip
아사히카와 | 잡화

Less Higashikawa
레스 히가시카와

거리를 즐겁게 만들어주는
커뮤니케이션 장소의 역할을
톡톡히 하는 잡화점

주　　소	가미카와군 히가시카와초 미나미마치 1-1-6 上川郡東川町南町1-1-6
시　　간	11:00–18:00
전　　화	0166-73-6325
정기 휴일	수요일 · 부정기
주 차 장	있음
H　　P	http://less-style.net
가 는 길	JR 후라노선 '지요가오카역'에서 차로 약 18분

아사히카와 공항에서 차로 13분 정도 떨어진 곳에 '사진의 마을'을 표방하는 히가시카와초가 있다. 다이세쓰산의 연봉인 '아사히다케'의 기슭, 홋카이도 중심부에 위치한다. 눈이 녹은 물을 생활용수로 쓰기 때문에 홋카이도에서 유일하게 상수도 설비가 없다. 이렇게 풍요로운 자연에 둘러싸인 조용한 거리에 '레스 히가시카와Less Higashikawa'가 있다.

"히가시카와에 살면서 유행과는 상관없이 제가 자신 있게 소개할 수 있는 것을 팔고 싶었어요. 생활 속에서 이런 것이 있었으면 좋겠다고 생각한 것을요. 제가 잘 설명할 수 있는 건 결국 제가 쓰고 싶은 것, 갖고 싶은 것이더라고요. 모두의 공감을 받으려고 하기보다는 제가 소개한 것을 같이 좋아해주는 사람들을 조금씩 늘려나가고 싶습니다. 새로운 것과의 만남, 혹은 몰랐던 것을 아는 기쁨. 이런 것들을 제공하는 게 저희 가게의 역할이라고 생각합니다."

마치 태어났을 때부터 이웃에 있었던 것만 같은 건물을 점포로

의류, 잡화, 책에 이르기까지 폭넓은 상품들이 진열되고 있다

오너인 주인장 하마베 레이 씨는 원래 히가시카와초 출신. 삿포로의 셀렉트 숍에서 8년간 경험을 쌓은 뒤 독립했다. 생활문화 등에도 관심이 많아서 상품 구매도 할 겸 런던으로 떠난 그가 20피트의 콘테이너에 가구와 잡화를 잔뜩 싣고 돌아와서 아사히카와시 교외에 '레스Less'를 오픈한 것이 13년 전. 고향에서 가게를 내고 싶다는 생각을 하고 있던 차에, 현재의 건물이 철거된다는 소식을 듣고 아사히카와역 앞에 있던 2호점 '월WALL'을 이전하여 '레스 히가시카와Less Higashikawa'로 오픈한 것이 6년 전이다. 가게에 진열된 상품은 가구나 조명, 커피와 식기류, 의류와 가방, 구두까지 실생활과 관련된 다양한 물품들이다. "조금 비싼 값을 주고서라도 좋은 물건을 사서 오래 쓰는, 그런 선택 하나하나가 삶의 질을 높여준다고 생각합니다." 그래서 상품들은 모두 "너무 좋아해서 입에 침이 마르도록 설명할 수 있는 것"뿐이다.

"이곳에는 홋카이도에서 가장 높은 산이 있죠. 여

무심한 듯한 벽면의 디스플레이까지 따라하고 싶어지는 멋진 센스

름에도 겨울에도 액티비티를 즐길 수 있습니다. 게다가 모든 이가 지하수로 살고 있죠. 이런 곳은 일본에서도 아마 여기뿐일 거예요. 자연의 훌륭함은 말할 것도 없고요. 어릴 적 친구가 경영하는 '솔트SALT'나 '북쪽 생활 설계사' 같은 가게도 있어서 물질적으로도 잘 갖춰지고 있죠. 공항도 가까워서 전 세계 어느 곳이든 갈 수 있고 맛있는 것도 많아요." 히가시카와의 매력은 헤아릴 수 없을 만큼 많지만 그중에서도 가장 큰 기쁨은 '벨이 울리면 아이들이 가게로 돌아오는' 삶을 실현할 수 있다는 것이다. "가족과의 시간을 즐기면서 행복한 일상을 가게에 피드백하고 있습니다."

2층은 지바현에 거주하던 동생 유 씨를 불러 오픈한 레스토랑 '온 더 테이블on the table'이다. 1층의 가게도, 2층의 가게도 하마베 씨에게는 모두 커뮤니케이션의 장이다. "전부 사람이 중심입니다. 사람들과의 대화 속에서 뭔가가 탄생한다고 생각해요. 여기서 알게 된 사람의 작품을 취급하기도 하

죠. 재미있는 것을 다른 사람과 나누고 싶고, 함께 즐거워지길 바랍니다."
아이가 생긴 뒤로 가게뿐만 아니라 지역의 발전에 대해서도 생각하게 되었다는 하마베 씨. 지역에 대해 알아갈수록 이곳의 매력을 깨닫게 되고, 하고 싶은 일도 자꾸 늘어난다며 즐거워한다.
"여기 꽃집이나 정육점 같은 상점가가 부활하면 좋겠다거나, 타이니 하우스에서 숙박업을 하거나 파머즈 마켓이 생기면 좋겠다는 이야기를 하죠. 다양한 사람들과 만나다 보면 누군가 제가 하고 싶은 가게를 차려줄 사람이 나타나겠죠. 그럼 굳이 제가 하지 않아도 되잖아요. 저는 하고 싶은 게 정말 많아요."
히가시카와초가 너무나 좋아서 이곳의 생활을 더 즐기고 싶다고. 그 마음이 나에게도 전해져 가게를 방문한 나도 마음이 들뜬다.

2층은 동생이 경영하는 음식점. 이곳 역시 커뮤니케이션의 장

21 공방 아카리노타네

New Hokkaidou Trip
아사히카와 | 목공

工房 灯のたね

아사히카와 거리를 비추는
부드러운 나무 불빛

얇게 깎여나간 나무 안쪽에서 부드러운 불빛이 스며 나온다. 나뭇결이 아름다운 모양을 빚어내고 크리스마스 트리 같은 귀여운 모양이 보는 사람의 마음을 포근하게 만들어준다. 이노우에 히로유키 씨의 작품은 홋카이도산 분비나무로 만드는 목제 조명기구다. 아사히카와에서 발전해온 '선반(旋盤:금속, 나무, 돌 따위를 회전시켜서 깎거나 파내거나 도려내는 데 쓰는 공

작기계)' 기술로 만든다. 조부님이 살던 도심의 집 1층을 공방으로 꾸며 사용하고 있다. 소년 시절 자동차와 비행기를 좋아했던 이노우에 씨는 공업대학을 졸업한 뒤, 기계 계열 기업에 취직해 매일 도면을 그렸다. "좋아하는 기계 쪽 직업을 가졌지만 재미가 없었습니다(웃음)." 도면을 그리기만 할 뿐, 제작을 하거나 완성품을 볼 기회가 거의 없었기 때문이다. 결국 3년 만에 회사를 그만두고 "하나부터 열까지 직접 만드는 일을 하자"는 과감한 결단을 내렸다. 그때 떠오른 것이 아사히카와에 계신 조부님이었다. 에베쓰시에서 자란 이노우에 씨는 목공소를 운영했던 조부님을 찾았다. 조부님이 집과 공방을 사용하도록 흔쾌히 허락해줘서 이 일을 시작할 수 있었다고. "전 어두운 곳을 좋아합니다. 왠지 마음이 안정되거든요. 그래서 무조건 조명기구를 만들고 싶었습니다. 이 목공선

반은 재료를 회전시켜 깎아내는 기계인데, 이걸로 어떤 모양을 만들어낼 수 있는지 궁리해본 게 시작이었어요. 그런데 문제는 도면은 잘 그리는데 물건이 원하는 대로 만들어지지 않는다는 거였어요. 그래서 초기 작품들은 형편없어요."
학교에서 전문적으로 배우지 못한 것이 콤플렉스라고 하지만 그래서 더 열정적으로 배우고 연구해서 상품에 반영할 수 있었던 건 아닐까. 덕분에 지금은 간토지역을 중심으로 일본 전국의 50여 개 점포에 납품하고 있다.
"이 일이 조금이라도 생활을 풍요롭게 만들어줄 수 있다면 좋겠어요. 혹은 그 계기가 될 수 있다면 그것만으로도 만족합니다. 쓰다가 금방 버리거나 샀다는 사실조차 잊어버리는 물건이 아닌, 소중히 아끼고 싶은 물건이었으면 해요. 그러려면 하나하나 정성을 들여 만들어야겠지요."

침엽수 모양을 한 '트리'에 불이 켜진다

현재는 오리지널 상품 외에도 디자이너와 콜라보해서 상품을 개발하거나 주문을 받기도 한다고. "개인적인 제작 활동도 중요하지만, 더불어 지역 번영에도 보탬이 되고 싶습니다." 기술도 인맥도 없이 맨주먹으로 시작해서 올해 10주년을 맞은 '공방 아카리노타네'는 한 걸음씩 꾸준히 나아가며 아사히카와 거리에 따스한 빛을 밝혀준다.

주 소	아사히카와시 히가시7조 2-4-14 旭川市東7条2-4-14
전 화	0166-24-2447
H P	http://www.akarinotane.com

22 New Hokkaidou Trip
아사히카와 | 목공

가구공방 이바젠
家具工房 伊庭善

촉촉하게 생활에 스며드는
왠지 그리운 옻칠 가구

'살짝 레트로한 일본풍'이라고 이바 타카히토 씨는 표현했다. "목공은 미세한 곡선이라든가 세부 처리에서 전체적인 분위기가 확 달라진다고 생각하는데, 그 점이 좋아요." 이것은 아내 미호코 씨의 말. 두 사람이 만드는 것은 졸참나무나 벚나무 등 국산 혹은 홋카이도산 원목을 사용한 가구다. 차분하게 생활 속에 녹아드는 옻칠의 우아한 광택과 매끄러운 감촉이 특징으로, 오일 마무리에 비교적 스마트한 디자인이 많은 아사히카와의 가구 사이에서 단연 색다르다.

타카히토 씨와 미호코 씨는 교토의 직업훈련학교에서 처음 만났다. 타카히토 씨는 기계 만지는 것을 좋아해서 자동차 정비사로 취직했지만, '남이 만든 것을 고치는' 작업에 답답함을 느꼈다. 늘 뭔가를 만들고 싶다는 갈증이 있던 차에 TV에서 본 궁대공(궁궐이나 신사 등을 짓는 목수)의 모습에 감명을 받고 원래 관심이 있었던 목공 세계에 뛰어들기로 결심했다. 미야자키의 목공예가 야자와 긴타로 씨의 제자로 들어가 3년간 수행을 거친 뒤 독립했다.

"아사히카와가 워낙 목공으로 유명한 지역이라 일단 한번 살아보기로 했습니다. 그러다 지인을 통해 이 장소를 소개받았죠. 전 주인이 원래 목공 일을 하시던 분이라 큰 기계들이 갖춰져 있었는데, 일을 그만두신다기에 냉큼 기계를 인수하고 들어갔습니다."

접이식 테이블 등 이바 씨의 가구는 생활 속에 맞춘 듯이 조화를 이룬다

집 뒤에 있는, 푸른 하늘 아래의 목재 적치장

테이블과 의자, 수납장 등, 이바 씨의 가구가 생활 속에 잘 어우러져 있다

옻칠과 정성스러운 수작업으로 만들어진 가구

기계를 돌려야 하니 주택가는 불가능했고, 자연이 가까운 곳에서 자기 페이스를 지키며 살고 싶은 마음도 있었다. 목재 적치장 옆의 나무에 매단 수제 그네를 타고 논 주변을 뛰어다니며 노는 아들 가즈요시 군. 이곳은 이바 씨에게 딱 맞는 장소였다.

아사히카와에서 활동하는 목공예가 그룹에 가입해서 다양한 전시회에 참가한다. 개인 자격으로는 기회를 잡기 어려운 좋은 장소에서 작품을 전시하게 되자, 이바 씨의 작품은 점점 많은 이들에게 알려지기 시작했다.

"옻칠을 더 친숙한 것으로 만들고 싶습니다. 자연에서 만들어진 것이고, 완전히 마르면 피부염을 일으킬 염려도 없고 혹 아이들이 씹어도 전혀 해가 없는 안전한 소재니까요. 짙은 색과 촉촉한 감촉도 좋아요."

졸참나무는 나뭇결이 뚜렷해서 단단하고 강하다. 벚나무는 나뭇결이 요란하지 않아, 옻칠을 하면 차분하고 여성스러운 분위기가 난다. 작업을 할 땐 전통적인 짜맞춤 기법이나 손대패를 이용하며 심혈을 기울여 완성해나간다. 겨울이면 매서운 추위가 찾아오지만, 앞에는 연못이 있고 논과 나무들에 둘러싸여 자연이 풍요롭다. 가즈요시 군을 유치원에 데려다주고 일을 시작해서, 저녁이 되면 접이식 테이블 앞에 온 가족이 둘러앉는다. "제가 갖고 싶은 것을 만듭니다. 만드는 일 자체도 즐겁지만, 가치관을 공유하고 좋아해주는 사람이 있다는 게 정말 행복합니다."

옻의 은은한 광택과 아름다운 곡선으로 이루어진 가구는 이바 가의 포근한 삶 그 자체다.

주 소 가미카와군 비에이초 오키키네우시 시모세이비
       上川郡美瑛町置杵牛下精美
전 화 0166-92-1510
H P   http://ibazen.com

가게 뒤쪽에 있는 작은 숲. 오솔길에서 이야기가 느껴진다.

23 SALT

New Hokkaidou Trip
아사히카와 | 잡화

솔트

도시를 떠나 산으로 가는 길의 중간,
살고, 놀고, 쓰는 즐거움을 전파한다

아사히카와역에서 차로 30여 분. 다이세쓰산 연봉 '아사히다케'로 가는 길을 달리다 보면, 한적한 농지 사이로 목조 건물 하나가 불쑥 나타난다. 삐죽 솟은 연통과 건물 옆에 서 있는 나무가 표식이다. 건물 뒤로는 작은 오솔길이 있다. 나무들에 둘러싸인 이 길은 포근한 기분을 느끼게 해준다. 가게 안으로 들어가면 장작 스토브의 온기가 몸을 따뜻하게 감싸준다. 솔트SALT는 사람들에게 꼭 필요한 소금을 말한다. 이름처럼 사람들에게 소금 같은 존재가 되고 싶은 이 가게는 의류, 등산용품, 일용품 등을 취급한다. 잡화점이긴 하지만 "편안한 분위기에서 느긋하게 둘러보았으면" 하는 마음으로 비에이초의 '고쉬'에서 로스팅한 오리지널 블렌드의 핸드드립 커피도 제공한다.

히가시카와초 출신으로 고교를 졸업한 뒤 15년간 삿포로에서 거주하며 셀렉트숍에서 일했다는 주인장 요네야마 가쓰노리 씨는 원래 산과 가까운 곳에서 살고 싶었다고. 그래서 고향에서 가깝고 다이세쓰산에 둘러싸인 이 지역이 좋다는 것을 새삼 느꼈다고 한다. "어린 시절에는 자연을 의식하지 않고 놀았지만, 앞으로의 인생을 생각하면 더없이 훌륭한 환경"임을 깨달은 것이다.

솔트SALT는 단순히 '도구'를 소개하는 데 그치지

않는다. 요네야마 씨는 이 아름다운 경치 속에 어울리는 상품을 많은 사람들에게 소개할 수 있다면 얼마나 좋을까 하고 생각했다. 그래서 라이딩에 대한 생각에도 감명을 받은 '겐템스틱', '산 속의 생활'을 모티브로 한 패션 '마운틴 리서치' 등 상품의 질은 물론 물건을 만드는 자세가 깃들인 상품을 갖다 놓았다.

"손님이 많이 오는 것은 그렇게 중요하지 않아요. 정말 오고 싶어서 와주신 분들에게 성의 있는 응대를 하고 싶거든요. 가령 상품을 만드는 자세가 좋다거나, 제가 자신 있게 추천할 수 있는 물건들만 팔고 있습니다. 그리고 예쁜 보드, 입고 싶은 옷, 써보고 싶은 도구도요. 눈길을 끄는 도구는 확실히 뭔가 아우라가 있는 것 같아요. 앞으로도 변함없이 좋은, 계속성이 있는 브랜드를 엄선해서 취급하고 싶습니다."

요네야마 씨는 이곳을 '만족스럽게 살 수 있는 환경'이 갖춰진 곳이라고 말한다. 웅대한 다이세쓰 산의 봉우리와 논 저편으로 저무는 석양은 그가 특히 좋아하는 풍경이다. "바깥이 어떤지 전혀 알 수 없는 빌딩 속 생활보다는 인도어와 아웃도어의 구별이 없는 이 생활이 훨씬 매력적입니다." 산 속의 오두막 같은 셀렉트 숍. 이곳에 와서 사람들과 어울리며 물건을 구경하다 보면 마음이 풍요로워진다.

주 소	가와카미군 히가시카와초 히가시4호미나미 1번지 上川郡東川町東4号南1番地
시 간	11:00-18:00
전 화	0166-82-6660 주차장 있음
정기휴일	수요일·첫 번째, 세 번째 화요일
H P	http://www.salt-life.com
가는 길	JR '아사히카와역'에서 차로 약 30분 아사히카와 공항에서 차로 약 20분

098 - 099

여행의 매력은 무엇일까. 일상에서 벗어난 감각? 맛있는 식사와 낯선 사람들과의 만남? 사와이 마사키 씨와 가나코 씨 부부가 미지의 만남을 찾아 여행을 떠난 곳은 무려 65개국이 넘는다. 여행에서 겪은 다양하고 풍부한 경험을 바탕으로 두 사람은 카페 고료&고료 게스트하우스를 운영하고 있다. 후라노 시가지에서 조금 떨어진 밭 한가운데에 서 있는 이곳. 여름에는 짙은 녹음에, 겨울에는 하얀 눈에 덮인 풍경 속의 빨간 지붕이 마치 '표식' 같다. 동그란 유리창이 인상적인 문을 열면, 적당히 밝은 공간 속에 창밖으로 보이는 나무들이 마치 그림처럼 눈을 끌어당긴다. 한 걸음 디딜 때마다 바닥이 삐걱대는 소리도 왠지 포근하다. 묘하게 들뜨는 감각과 안정되는 느낌이 동시에 마음을 채워간다.

두 사람이 세계일주 여행을 떠난 것은 10년 전. "낯선 장소로 떠날 때 느껴지는 살짝 불안한 기분과 두근거림이 좋아요." 회사원이 얻을 수 있는

2~3일 정도의 휴가로는 해외여행은 도시나 관광지 구경이 고작이다. 도시는 어딜 가나 비슷하다며 부족함을 느낀 두 사람은 결국 일을 그만두고 2년에 걸쳐 세계 각지를 돌아다녔다.
결혼식도 여행 도중 캐나다의 나이아가라 폭포 근처에 있는 세계에서 가장 작은 교회에서 했다. 두 사람은 오랜 지인인 도예가로부터 일을 도와달라는 연락을 받고 후라노에 오게 됐다. 당시 아르헨티나에 머물고 있었던 이들은 여행을 잠시 쉬고 후라노로 왔다가 여름을 보내고 겨울에는 또 여행을 떠났다. 그러고는 이듬해 다시 후라노로 돌아왔다. 이곳의 아름다움에 푹 빠진 두 사람은 겨울도 한번 겪어보자며 거처를 구하기로 했는데, 그때 발견한 곳이 지금의 장소다. "당장 내일부터 입주 가능하다"고 하긴 했지만, 수도도 끊겨 있고 벽도 너덜너덜한 상태였다. 주변에서 만류했지만, "집도 예쁘고, 그래도 지붕은 있으니 어떻게 되겠지"라며 계약을 하고 직접 리노베이

24 New Hokkaidou Trip
후라노 | 카페 | 숙소

cafe 고료
& 고료 게스트하우스

cafe ゴリョウ & ゴリョウゲストハウス

여행의 향기가 감도는 붉은 지붕 카페

후라노의 자연을 그대로 뚝 떼어온 듯한 아름다움

두 사람은 또 다시 여행을 떠난다

션을 하기로 했다.
"후라노에서 지내는 게 너무 좋기도 했고, 2년이나 자유롭게 여행을 다녔던 탓에 다시 회사원으로 돌아가긴 좀 힘들 것 같더라고요(웃음). 대신 여행을 하며 쌓은 소중한 경험을 살리는 일을 하고 싶었습니다."(마사키 씨)
"저희가 돕던 도예가 분이 카페를 운영하셨는데, 거기서 경험을 좀 쌓았죠. 그리고 전 세계의 다양한 숙소에서 묵어봤으니, 거기서 느낀 장점들을 모아서 카페와 게스트하우스를 열어보자고 결심했습니다."(가나코 씨)
두 사람이 내린 결론은 "가봤던 나라의 요리를 우리 나름대로 변화를 줘서 제공하자"는 것. "이탈리아는 제대로 못 가봐서 파스타는 제공하지 않습니다"라며 가나코 씨는 웃었다. 카레는 인도에서 4개월 정도 체류하며 배웠다. 짜이도 만드는 모습을 며칠이나 지켜보며 연구했다고.

이날 나온 메뉴는 볼륨 만점인 카레. 후라노의 쌀과 텃밭에서 직접 키운 아스파라거스와 경수채, 시금치로 만들었다. 후라노의 자연이 그대로 튀어나온 것처럼 색감이 다채롭다.
여름이 되면 전 세계의 여행자들이 이곳을 찾는다. 그들이 즐거워하는 모습을 보면 두 사람도 여행을 떠나고 싶은 마음에 근질근질해진다. 그래서 매년 3~4월엔 잠시 가게 문을 닫고 '연수&위안여행'을 떠난다고 한다. 음식이 맛있는 나라를 가보기도 하고 커피 산지도 방문한다. 이렇게 오래 쉬어도 될까 하는 걱정도 있지만, "잘 다녀오세요", "어서 와요"라고 말해주는 지역 손님들의 정을 믿고, 이 가게를 통해 보답할 수 있는 무언가를 찾아 두 사람은 또 여행을 떠난다.
묘하게 들뜨는 감각과 안정되는 느낌이 동시에 느껴지는 것은 두 사람이 행복과 안정이 어디에서 오는지를 잘 알고 있기 때문이 아닐까.

주　　소　후라노시 가미고료
　　　　　富良野市上御料
시　　간　11:00~20:00(L.O. 19:30)
전　　화　0167-23-5139
주 차 장　있음
H　　P　http://www.goryo.info/cafe
가 는 길　JR 네무로본선 '후라노역'에서 차로 15분

전직 그래픽 디자이너였다는 가토 씨

25 New Hokkaidou Trip
후라노 | 푸딩

에조아무 푸딩 제조소
エゾアムプリン製造所

사계절과 더불어 맛이 달라지는,
홋카이도의 대지 같은 푸딩

직경 20센티, 높이 6센티의 내열 도기를 꽉 채운 푸딩. 푸딩이라고 하기엔 조금 의외인 크기와 단단한 식감. 캐러멜 소스를 미리 섞어 지나치게 달지 않아 어른도 아이도 즐길 수 있는 맛은 시간이 흐를수록 수분이 빠져 나가 짙고 농후한 맛으로 진화한다.

"초등학생 때 친구네 집에 놀러가서 먹었던 수제 푸딩이 정말 맛있었거든요. 그때 먹었던 푸딩을 잔뜩 만들어서 실컷 먹고 싶었습니다." 이것이 푸딩을 만들게 된 계기다. 재료는 홋카이도 것을 사용한다. 달걀은 옆 마을의 할아버지가 키우는 순 국산닭이 낳은 '사쿠라 다마고'. 우유는 목장에서 아침에 짠 것을 가져오는데, 성분조정을 전혀 하지 않아서 지방 함량이 여름엔 낮고 겨울엔 높다. 이런 계절의 변화가 푸딩의 맛에도 나타난다. 자연과 보조를 맞추듯 맛이 변화하는 푸딩. 정제당과 캐러멜, 생크림도 홋카이도산이다. 질 좋은 재료를 사용하니, 똑같은 레시피를 사용해도 도쿄에서 이동 판매를 할 때와는 맛이 전혀 다르다. 재료를 모두 섞으면 천천히 쪄낸다. 전체에 열이 골고루 돌아 균등하게 구워질 수 있도록 5~10분 간격으로 오븐을 살핀다. 살짝 흔들어보거나 회전시키거나 뜨거운 물을 보충하기도 하며 굽는 시간은 총 2시간 반. 하나의 오븐으로 한 번에 구워내는 양은 6개, 하루 최대 24개다.

'에조아무 푸딩 제조소'는 밭이 끝없이 펼쳐진, 그야말로 홋카이도다운 경치 속에 서 있다. 눈앞에 보이는 창고를 제외하면 아무리 둘러봐도 다른 건물은 보이지 않는다. 밭, 나무, 푸른 하늘뿐. 도롱이벌레가 떠오르는 외벽 가장자리로는 민들레가 피어 있다.

과거 도쿄에서 그래픽 디자이너로 일했다는 리더 가토 씨. 음식 관련 일을 하고 싶어서 제과를 시작한 아무 씨. 친구들에게 호평을 받았던 푸딩을 만

도기에 담겨 구워지는 푸딩은 하루 최대 24개

언덕 위에 홀로 서 있는 제조소

들기로 결심한 아무 씨는 자택을 '제조소'로 만들었고, 가토 씨는 아무 씨가 만든 푸딩을 기치조지나 구니타치에 내다 파는 스타일로 사업을 시작했다. 도시 생활과 그래픽 디자인 일에 피로를 느껴왔던 두 사람은 결국 시골로 이주할 것을 결심했다. 그들이 고민 끝에 선택한 곳이 바로 자연이 풍요로운 홋카이도였다.
2월에는 겨울의 추위를 겪어보기 위해 여행을 하고, 여름에는 캠핑을 하면서 홋카이도 동쪽道東 지역을 돌았다. 그중 가장 마음에 남은 곳이 이곳 후라노. 지형과 경치가 좋았기 때문이다. 거처를 찾는 동안 임시로 묵었던 숙소의 할머니가 이농한 빈 농가를 소개해주었다. 두 사람은 목수 일을 하는 가토 씨 아버지의 도움을 받아 약 한 달 만에 직접 '제조소'를 세웠다. 어차피 주문을 받아 발송하는 방식을 생각했기에 가게의 입지는 크게 중

아무 씨의 목표는 초등학생 때 먹었던 그 맛

요하지 않아서, 일단 자신들이 바라던 자연 속의 삶을 우선했다. "일단 한번 살아보자"는 각오로 시작한 후라노에서의 삶이었다. "눈 깜짝할 사이에 적응했어요. 마치 물 만난 고기처럼요."(아무 씨), "겨울엔 눈이 와서 아름답고 봄엔 탁 트여서 좋아요. 매년 계절이 바뀔 때마다 감동합니다. 너무나 편안해서 그 후로 계속 여기서 살고 있습니다."(카토 씨)

도쿄를 떠나서도 꾸준히 계속해온 블로그 '아무 푸딩 모험!'은 지금도 격주로 업데이트하고 있다. 후라노에 와서 매일 있었던 사소한 일부터 제조소를 만들고 집을 짓고 푸딩을 만드는 생활도 올린다. 덕분에 아무 푸딩을 다시 맛보길 기대하고 있던 많은 손님들로부터 오픈하자마자 주문이 들어오기 시작했다. 독특한 존재감 때문인지 미디어에도 많이 소개되어, 피크일 때는 주문 후 1년 대기인 경우도 있었다고 한다. 제조소에서 직접 구입하길 원하면 1주일 전에 전화로 예약하면 된다(매진일 때도 있음).

푸딩이 워낙 맛있기 때문에 주문해서 받는 것도 좋지만, 기회가 된다면 꼭 '제조소'를 방문해보길 권한다. 에조 아무 푸딩을 방문하면 다른 곳에서는 얻을 수 없는 여행을 체험하게 될 테니. 이곳이 존재하는 모습은 방문자들의 마음에 뭔가를 남겨줄 것이다.

내가 취재하러 갔을 때는 초여름이었는데 언젠가는 사방이 새하얗게 물드는 겨울에 또 찾아가고 싶다.

주　　소	후라노시 다이라자와 3893-4 富良野市平沢3893-4
시　　간	10:00~18:00(1~3월은 17:00까지)
전　　화	0167-27-2551
정기휴일	월·화요일
주 차 장	있음
H　　P	http://www.amupurin.com
가 는 길	후라노시가지에서 차로 약 30분

26
bi.blé
비블레

New Hokkaidou Trip
비에이 | 숙소 · 레스토랑

맛있는 냄새가 솔솔 풍기는
언덕 위의 아름다운 오베르주

주　　소	가미카와군 비에이초 호쿠에이 2 호쿠에이고무기노오카(구 호쿠에이 소학교) 上川郡美瑛町 北瑛第2 北瑛小麦の丘(旧北瑛小学校)
시　　간	체크인 15:00, 체크아웃 11:00
전　　화	0166-92-8100
정기휴일	하절기(4월~10월) 화요일 동절기(11월~3월) 월~목요일
주 차 장	있음
H　　P	http://bi-ble.jp
가 는 길	JR 후라노선 '비에이역'에서 차로 약 10분

옛 학교 텃밭을 앞에 두고, 넓은 하늘 아래 세워진 레스토랑 동

야트막한 언덕 위에 서 있는 '비블레bi.blé'라는 이름의 오베르주(auberge:내부를 시골풍으로 꾸민 고급 음식점). 과거 초등학교였던 건물을 리모델링해서 레스토랑과 숙박동, 빵집, 요리 학원 등을 갖췄다. 주위를 둘러보면 끝없이 펼쳐진 밀밭과 갖은 채소가 자라는 들판이 어우러진 비에이의 아름다운 경치가 펼쳐진다. 꽃이 피고 잎이 우거지고 눈에 덮이고. 사계절마다 바뀌는 풍경은 방문객들의 눈을 즐겁게 해준다. 이곳의 총 책임자는 사이토 히사시 씨다.

사이토 씨는 올해 68세. 아르바이트를 하다 요리의 세계에 관심을 갖게 되어 〈전문요리〉라는 잡지의 편집부에 들어가서 음식을 알리는 활동을 했다. 마침 1970년대 만국박람회 개최를 계기로 프렌치와 이탈리안 등 전 세계의 요리를 누구나 쉽게 즐길 수 있게 된 시대였다. 학생운동과 70년 안보투쟁 등 사회적으로 격동의 시대였지만, 이와는 상관없이 요리의 길에만 매진하는 요리인들의 존재에 컬처 쇼크를 받고 그 세계에 대해 더 알고 싶어졌다고 한다. "제가 흥미를 가진 것들은 세상에서 필요한 정보였습니다." '요리'의 위상이 크게 달라진 시대에 그는 최전선에서 요리를 취재하고 소개해왔다.

존재감이 뚜렷한 그린 아스파라거스에 노른자를 터뜨려 곁들이면 대지의 풍미가 더욱 풍부해지면서 입 안으로 미끄러지듯 들어간다. 스태프들이 아침에 지역 농가를 직접 찾아 수확한 채소는 먹는 기쁨을 충분히 깨닫게 해준다. 샐러드는 내놓기 직전에 차게 식혀 드레싱에 버무린다. 루콜라와 갓, 배추, 민트, 들깨, 타라곤 등은 아삭하게 씹히는 식감이 최고다. 시라누카초의 사냥꾼에게 구입한 홋카이도 사슴고기는 3주간 숙성시킨 것을 불에 충분히 익힌다. 여기에서만 맛볼 수 있는 재료를 최고의 조리방법으로 요리한다. "저는 산

먼 풍경이 아름다운 레스토랑과 힘이 느껴지는 빵

지와 조리방법 등 요리라는 테마로 다양한 정보를 얻을 수 있기 때문에 요리에 관한 폭넓은 지식을 갖고 있지요." 사이토 씨의 요리에 대한 생각이 응축된 메뉴들을 바로 여기서 만날 수 있다.
비에이는 원래 '밀 언덕'으로 유명하다. 여기에서 난 밀로 구운 풍미 짙은 빵도 이곳의 매력이다. 주로 간사이의 호텔에서 활약했던 오가와 히사오 씨는 벽돌화덕으로 굽는 빵에 관심을 갖게 되어 비블레bi.blé'의 오픈에 맞추어 홋카이도로 이주했다. 오타루 오쇼로의 유명한 빵집인 '에그비브'에서 벽돌화덕으로 빵 굽는 기술을 익혔다. 아침식사용으로 인기인 것은 오가와 씨가 구운 크루아상. 갓 구워낸 따끈따끈한 크루아상은 겉은 바삭하고 안은 폭신폭신해서 몸과 머리를 부드럽게 깨워준다. "비에이라는 지역의 포텐셜을 최대로 표현하고 싶습니다. 사슴 고기도 그렇고 채소도 그렇죠. 이 지역 주민들은 대부분 농업에 종사하기 때문에 그 분들이 키운 맛있는 채소를 소비자에게 널리 알리는 것이 제 역할이에요. 아침에 수확한 아스파라거스를 런치나 디너에서 먹는 건 여기가 아니면 절대 누릴 수 없는 호사지요."
학원동은 요리 학원과 학생들의 숙소로 이루어져 있다. 교정 앞에 세워진 숙박동의 객실은 커다란 창밖으로 아름다운 경치를 즐길 수 있다. 꽃이 알록달록한 봄에도, 녹음이 우거지는 여름에도, 눈으로 하얗게 물드는 겨울에도, 언제나 변함없이 따뜻한 공간과 요리가 이곳에 있다.
"먹는 즐거움은 눈으로 보고 귀로 듣고 혀로 맛보는 것입니다. 그곳엔 특별한 요리가 있다, 거기 가지 않으면 그런 즐거움을 맛볼 수 없다, 이런 요소를 얼마나 갖고 있느냐가 중요합니다." 레스토랑, 숙소, 빵집, 그리고 비에이의 채소와 풍경. 그 모든 것을 총동원해서 '요리'의 즐거움을 알린다. '비블레bi.blé'는 끊임없이 요리를 연구해온 사이토 씨에게 미디어 그 자체이다.

먹는다는 것의 매력을 알린다

부드러운 빛이 쏟아지는 레스토랑

객실에서 보이는 풍경. 자연을 통째로 받아들이는 듯한 다양한 요리들

4

새　로　운
홋카이도 여행

하코다테

HAKODATE

이국적인 정서가 감도는 거리와 언덕 위에서
내려다보는 경치. 살아보고 싶은 매력적인 도시

HAKODATE

1859년 나가사키, 요코하마와 함께 일본 최초의 대외무역항으로 개항한 하코다테. 서양문물을 한발 앞서 받아들이며 조성된 이국적인 거리는 몇 차례의 큰 화재를 겪고도 여전히 그 멋진 분위기를 이어나가고 있습니다. 역사적인 건축물과 문화, 항구의 아름다운 경관, 다양한 음식 등 다채로운 매력을 가진 곳입니다. '일본에서 가장 매력적인 도시(지역브랜드 조사 2014/브랜드 종합연구소 조사)'에 선정되어, 연간 500만 명의 관광객이 찾는 인기 지역입니다. 2016년 3월에는 신 하코다테 호쿠토역에 홋카이도 신칸센이 개통되며 접근성도 향상되어(도쿄에서 최단 4시간 2분) 더욱 주목받고 있습니다.
하코다테라고 하나로 묶어 말하지만 실은 여러 개의 관광지로 나뉩니다. 고료카쿠는 에노모토 다케아키나 신선조의 히지카타 도시조가 메이지 신정부군

과 싸웠던 보신 전쟁 최후의 땅이자 벚꽃의 명소이기도 한 곳입니다. '고료카쿠'. JR 하코다테역 근처에서는 제철의 미각을 즐길 수 있는 '하코다테 아침시장'이 열리는데, 아침식사도 하고 선물 사기에도 좋습니다. 항구도시의 분위기가 남아 있는 곳은 베이 에이리어와 붉은 벽돌 창고 거리. 붉은 벽돌 창고 거리는 숍과 레스토랑 등이 다양하게 입점해 있어 세련된 분위기입니다. 이번 취재에서 주로 돌아다닌 곳은 하코다테 산기슭과 모토마치 지역. 언덕 위에 올라가 보면 교회와 서양식 저택이 많아서 항구로 쭉 이어지는 경관이 무척 아름답습니다. 개항 당시의 서양식 주택이나 일본 전통과 서양 건축물의 특징을 두루 갖춘 건물들은 개성이 뚜렷해서 보기만 해도 즐겁습니다.

그러나 단순히 보존하는 데만 그치지 않습니다. '하코다테 공예사'가 1935년에 건축된 '우메쓰 상점'의 건물을 사용하는 것처럼, 옛 건축물을 새롭게 잘 활용하는 모습이 좋습니다. '다치카와 카페

레트로한 건물과 항구도시의 풍경

'TACHIKAWA CAFE'가 메이지 시대의 상점 건축물이자 국가지정 중요 문화재로 선정된 '다치카와 가 주택점포'를 사용하거나 '다방 히시이'가 1905년 건축된 흙벽창고를 개조해서 사용하는 등 그 예가 많습니다. 현재에 맞게 재사용하면 바깥에서 구경하는 데 머무르지 않고 안에 들어가 분위기까지 느낄 수 있지요.

27 New Hokkaidou Trip
하코다테 | 잡화

하코다테 공예사
はこだて工芸舎

생활을 풍요롭게 만들어주는
기억이 담긴 공예품

"즐거울 것 같아. 그렇게 살 수 있다면." 도마에 구니코 씨는 웃으며 말했다. 화장기 없는 얼굴에 사진 찍는 것도 좋아하지 않는다고 했지만, 존댓말을 쓰지 않는 친근한 말투와 호탕한 웃음이 매력적이었다. 구니코 씨는 도예가인 남편 모리히토 씨와 함께 이 가게를 운영하고 있다.

"여기저기 여행을 다니면서 이 지역엔

유서 깊은 건물의 운치가 그대로 남아있는 가게 안에 공예품이 진열되어 있다

주　　소 하코다테시 스에히로초 8-8
　　　　 函館市末広町8-8
시　　간 5-10월은 10:00-18:00
　　　　 11-4월은 11:00-18:00
　　　　 12/31-1/2은 11:00-16:00
전　　화 0138-22-7706
장기휴일 무휴(12/31-1/2는 단축영업)
주 차 장 없음
H　　P　 kogeisya.blueboxcraft.com
가 는 길 시전차 '주지가이역' 도보 1분

어떤 공예가 있나 궁금해져서 찾아보거든. 근데 우리 지역 작가들의 작품을 소개하는 가게는 너무 적은 것 같더라고. 그래서 그런 가게가 있으면 좋겠다 싶어서 홋카이도 남쪽道南 지역 작가들한테 제안을 해본 게 시작이었지. 우리 가게에 있는 물건은 주로 홋카이도와 하코다테 작가들 작품이야. 관광객보다는 지역 손님이 더 많아. 늘 새로운 물건을 구경할 수 있게 한 달에 세 번 이런 기획을 해요. 사람들이 다양한 물건을 직접 볼 수 있게 말이지." 작가가 만든 도기와 액세서리, 의류 등 생활을 다채롭게 해주는 잡화들을 이곳에서 볼 수 있다. '내가 좋아하는 것'이 무엇인지 판단하는 눈을 키우려면 직접 보는 것이 가장 중요하다. 이곳에서 하코다테뿐만 아니라 일본 각 지역 작가들의 매력적인 작품을 소개하고 있는 이유다. 작품 판매 외에도 도예를 비롯한 압화, 직조,

의복부터 액세서리까지, 취급하는 물건의 폭이 넓다

현 내외 작가들의 작품 위로 따스한 빛이 쏟아진다

하코다테 공예사

차, 펠트 등 수공예의 즐거움을 배울 수 있는 다양한 교실도 열고 있다.

모리히토 씨는 약 25년 전에 도자기를 배웠던 세토 지역을 떠나 이곳으로 이주한 후, 5년 뒤 가게를 오픈했다. 쇼와 초기 건축물 중 걸작이라 할 수 있는 '구 오카모토 저택'에서 영업을 했다. 하지만 "우메쓰 상점이 철거될지도 모른다"는 소식을 듣고 발을 동동 구르다 결국 가게를 옮기기로 했다. 그때가 지금으로부터 약 4년 전.

"가게를 옮겨 다니며 생각한 것이 오래된 건물을 남기려면 무조건 활용해야 한다는 거야. 개인이 사들여서 자기가 살아버리면 다른 사람들은 볼 수가 없잖아. 그러니까 젊은 사람들이 들어오고 싶도록 관리를 잘 하고, 또 그 다음 사람이 들어오고 싶도록 만들어야지. 그렇게 역사를 차곡차곡 쌓아가야 한다고 봐. 나도 다음 사람이 여길 쓰고 싶어지도록 잘 사용해야지."

노면전차가 다니는 교차로에 위치한 '우메쓰 상

수공예의 즐거움을 알리는 다양한 교실을 개최

점'은 80년이라는 세월의 그림자를 품고 지금의 풍경 속에 녹아들어 있다. 한 걸음 안으로 들어가면 타일이 깔린 복도가 나타나고, 커다란 창을 통해 가게 안을 볼 수 있다. 부드러운 빛 속에 진열된 아름다운 공예품을 보면 수공예의 매력에 푹 빠져버릴 것만 같다.

"만드는 즐거움을 알리고 싶어. 만약 가족끼리 그릇을 사러 온다면, 서로 의논하면서 집에서 쓸 물건을 고를 거 아니야? 그럼 그 그릇에는 기억이 남게 돼. 물건을 쓸 때도 우리가 함께 샀던 그릇이란 게 무의식 속에 남아 있으니까 아무래도 애착이 더 가겠죠. 그런 마음이 생활을 더 풍요롭게 만들어준다고 생각해. 그릇이 기억과 함께 집안에 남아서 화목한 삶을 꾸려갈 수 있도록 도와주는 거지. 이런 게 진정한 사치 아니겠어?" 그녀는 웃으면서 처음에 한 말을 덧붙였다. 그녀의 표현 방식이 너무나 자연스러워, 그녀의 문장이 내 마음 속에 깊이 들어왔다.

28
New Hokkaidou Trip
하코다테 | 카페·바

햣켄
百閒

책과 사람이 만나는 여행의 작은 중계지점

하코다테의 미야마에초는 시가지와 고료카쿠 같은 관광명소 사이에 자리 잡고 있다. 복잡하지 않고 어딘가 느긋한 공기가 흐르고 있다. 그곳에서 과거 헌책방이었던 건물을 개조해서 오픈한 가게가 있다. '책과 커피와 술'을 즐길 수 있는 가게. 문을 열고 들어가면 벽면을 가득 채운 책장에 책이 주르르 꽂혀 있다. 대여도 판매도 하지 않는, 오직 가게 안에서만 읽을 수 있는 책들이다. "소설은 취향을 타기 때문에 두지 않고요. 차를 마시면서 페이지를 넘기다 보면 어느 새 한 편을 다 읽을 수 있는 책, 기분 좋은 사진이 실린 책, 그런 기준으로 책을 고릅니다. 시든 에세이든, 활자와 접할 기회를 만들어드리고 싶어요. 좋은 말은 재산이 된다고 하잖아요. 그래서 전 문장과 자주 만남을 가지려고 노력합니다. 음식 에세이가 많은 이유는 차를 마시며 읽기에도 좋을 것 같아서예요. 먹는다는 건 순수하게 행복한 일이잖아요." 주인인 야마모토 나오미 씨의 말이다.

그녀는 도쿄에서 출판업에 종사하다 퇴직하고 돌아와 하코다테에서 프리랜서로 편집, 작가 일을 했다. 그녀가 카페를 오픈한 것은 지역민들이 하코다테를 다시 돌아볼 기회를 만들어주고 싶다는 소박한 바람 때문이었다. 그러나 야마모토 씨의 의도와는 달리, 엄선한 차 맛과 멋진 조망 때문에 많은 관광객들을 사로잡는 가게가 되었다. 힘들게 언덕을 올라와야 하는 곳인데도 불구하고 관광 시즌이 되면 카메라를 든 관광객으로 발 디딜 틈이 없게 되었다. 혼자 경영하기도 힘들어 겸사겸사 가게를

벽을 가득 채운 책장. 이야기들이 여행자와의 만남을 기다리고 있다

닫았다. 그 후, 인연이 닿아 미야마에초의 이 장소와 만났다. "장사를 하기 좋은 입지는 아니었지만, 자유로운 느낌이 좋았습니다. 제가 표현하고 싶은 것을 차분히 가게에 담아낼 수 있을 것 같았습니다."
가게 안에는 장식다운 장식도 거의 없지만 마음이 편안하다. 그녀가 이곳을 좋아하는 마음이 고스란히 전해져 오기 때문이다. 허물없는 친구의 방에 놀러온 듯한 느낌.
"여기 가장 오래 있을 사람은 저이기 때문에 누구보다 제가 편하고 행복한 곳으로 만들고 싶었습니다. 정말 꾸밈없는 제 모습으로 지내요. 낯가림이 있어서 접대용 미소도 없죠(웃음). 손님들과는 서로 조금씩 마음을 열면 된다고 봐요."
가게 안쪽에는 자그마한 카운터가 보인다. 주방 내부를 가리려고 만든 카운터 앞에 무심코 둥그

'여행자의 스킬'이 가져오는 효능

런 의자를 놓아뒀더니, 어느새 손님들이 와서 앉더라고. 손님들의 비위를 맞출 줄도 모르는 야마모토 씨지만 그래도 사람들과의 인연을 소중히 여기기 때문일까, 그게 편하다며 일부러 카운터석에 앉는 손님이 끊이지 않는다고 한다.
"자석에 끌려오듯 재미있는 분들이 계속 찾아오세요. 단골손님과 관광객이 정보를 교환하기도 하고 지역의 미래에 대해 의견을 나누기도 하고, 다양한 대화가 이어져요. 어디서 왔다고 자신을 소개하며 한 걸음 다가오면 이곳 사람은 두 배로 돌려주거든요. 지역 주민들은 여행자와 알게 되면 친절을 베풀고 많은 정보를 가르쳐준답니다."
이곳은 관광지에서 벗어난 작은 가게지만, 이런 장소야말로 당신에게 보석과 같은 문장과 만남이 기다리고 있을지도 모른다.

귀여운 노란 외벽. 매장 안에 진열된 부친이 만든 도기

29 New Hokkaidou Trip
하코다테 | 빵

천연효모 빵
tombolo

天然酵母パン tombolo

심플하고 소박한 빵이
사람과 물건을 이어준다

하코다테산은 먼 옛날 해저화산의 분화에 의해 생겨났다. 오랜 세월 동안 오시마 반도 사이에 토사가 퇴적되어 사주가 생기면서 육계도가 되었다. 이렇게 육지를 이어주는 사주를 '돈보로'라고 한다.

오래된 거리에 노란 벽, 붉은 지붕 건물이 눈에 띈다. 간판을 보고 안으로 들어가면 커다란 다이닝 테이블이 하나 있고 벽 쪽에는 도기가 전시되어 있다. 빵은 가게 안쪽에 진열되어 있지만 빵을 집을 집게나 쟁반조차 없다. 가게 안으로 쭉 들어가서 주인에게 말을 걸어야만 비로소 빵을 살 수 있다. 주인은 오사카 준 씨. 하코다테 출신이지만 도예가인 아버지를 따라 12세까지 도치기현 마스코에서 자랐다. 중학교 때 다시 하코다테로 돌아왔다가 대학에 진학하며 상경했다. 어린 시절부터 도예가인 아버지와 작가들에게 둘러싸여 자란 오사카 씨는 그들을 보면서 "어른들은 즐거워 보

인다. 나도 언젠가 그렇게 되겠지"라고 생각했단다. 그래서 주변 친구들이 하나둘 취업 할 때에도 그는 자신이 할 수 있는 '만들기'만 찾았다. 그러다 찾게 된 것이 바로 천연효모 빵. 도쿄의 '르방'에서 1년간 제빵 경험을 쌓았다.

"저 스스로 일을 만들어내고 싶었습니다. 맛있는 빵을 구우면서 나다운 삶을 널리 알리면 이를 공감해줄 사람이 찾아올 거라고 생각했습니다. 빵도 도예도 제게는 똑같아요. 가장 중요한 건 처음부터 스스로 일을 만들어내는 프로세스. 르방의 주인장 고다 미키오 씨가 이런 말을 자주 했습니다. '빵은 목적이 아니라 수단'이라고. 빵을 만드는 게 목적이 아니라 구워낸 빵을 통해 사람들과 이어지는 게 목적인 거죠. 돈보로 지형처럼 빵이나 가게를 통해 사람과 사람, 사람과 물건이 이어지는 장소를 만들고 싶었습니다."

경험을 쌓은 뒤, 자녀가 생긴 오사카 씨는 하코다

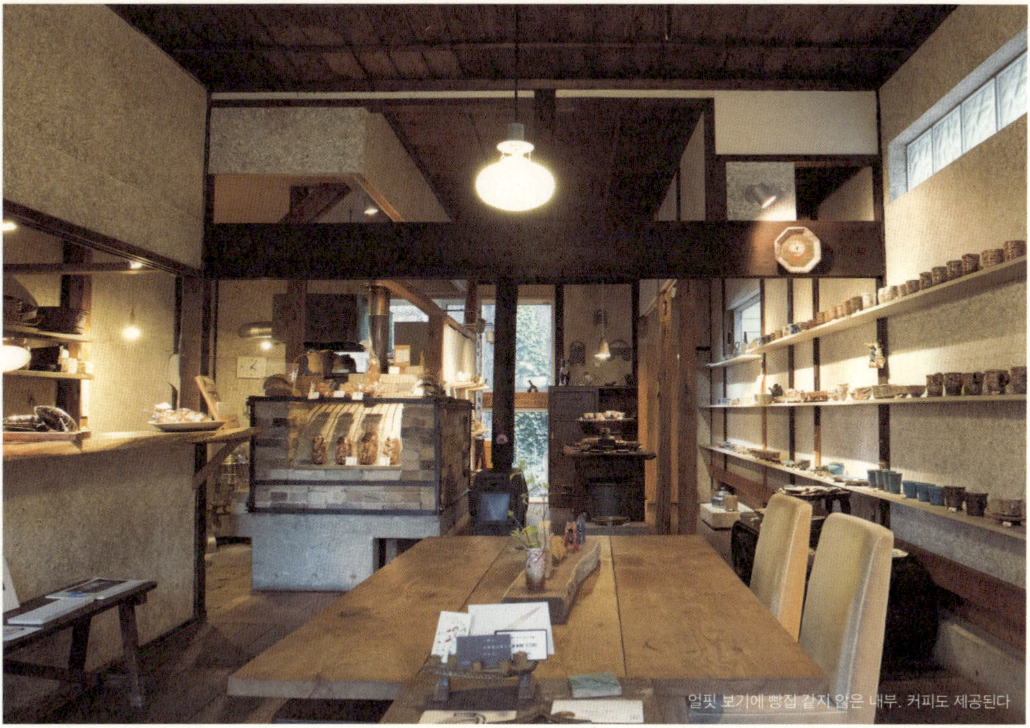

얼핏 보기에 빵집 같지 않은 내부. 커피도 제공된다

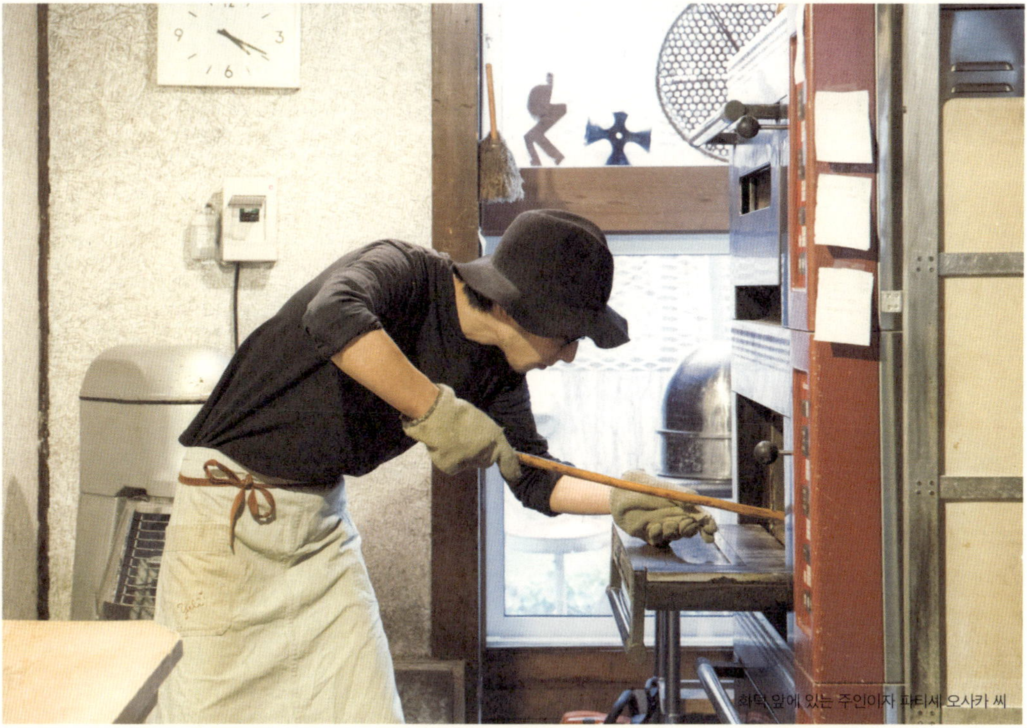

화덕 앞에 있는 주인이자 파티셰 오사카 씨

빵과 가게를 통해 이어진다

테로 다시 돌아와 부친이 경영하는 갤러리 한쪽에 화덕을 설치하고 가게를 오픈했다. 그가 만드는 것은 소위 하드 계열의 심플한 빵. 건포도에서 추출한 자가제 효모인 '르방(천연효모종)'과 홋카이도산 밀을 사용한다. 달걀, 유제품, 설탕은 넣지 않는다. 오픈할 때 만들었던 장작 화덕은 약간의 문제가 있어서, 대신 전기 화덕을 쓰고 있지만, 언젠가는 꼭 장작 화덕을 다시 사용할 생각이다. 벽돌로 만든 장작 화덕은 "자신에게 주어진 과제이자 즐거움"으로 여전히 가게에 남아 있다. 최대한 심플한 빵을 만들고 싶다는 오사카 씨. 심플한 재료로 만든 빵은 오래 간다. 당일 팔고 남은 빵은 다음 날 할인 가격으로 판매하고 마지막까지 남은 것은 러스크로 처리한다. 가게를 오픈한 지 8년째에 접어들지만, 여태 한 번도 빵을 폐기해 본 적이 없다. 2층은 자택이라 가끔 아이들이 내려와 놀기도 한다. 일과 삶을 분리하고 싶지 않은 마음을 포함해서, 이 가게를, 자신이 알리고 싶은 가치

천연효모 빵 tombolo

르방에서 경험을 쌓은 오사카 씨가 구워낸, 심플하고 힘이 느껴지는 천연효모 빵

관을 이해해줄 사람이 많아지길 기대하고 있다.
'없는 것'이 생기면 지금은 직접 만들 생각을 한다. 예전이라면 도쿄 같은 도시로 쉽게 눈을 돌렸겠지만. 더불어 이 지역도 더 즐거워질 것을 기대하면서. 빈집과 수요자를 연결해주는 '하코바루 부동산'도 그런 뜻에서 탄생한 활동이다.

가게의 역할은 무엇일까. 빵집은 빵만 팔면 되는 시대는 이제 지났는지도 모른다. 여행을 하다 보면 그 지역의 중심인물이 운영하는 가게를 만날 때가 있다. 여기도 바로 그런 곳이다. 단순히 빵을 사는 것 이상의 즐거움이 담겨 있는 하코다테라는 도시의 빵집.

주　　소	하코다테시 모토마치 30-6 函館市元町30-6
시　　간	11:00~17:00
전　　화	0138-27-7780
정기휴일	월·화요일(공휴일은 영업)
주 차 장	없음
H　　P	http://tombolo.jpn.org
가 는 길	시전차 '주지가이역' 도보 10분

30 New Hokkaidou Trip
하코다테 | 가죽

OZIO ATELIER and SHOP
오지오 아뜰리에 앤 숍

친숙한 가죽 가방을
하나하나 정성스럽게

주　소　하코다테시 모토마치 29-14
　　　　函館市元町29-14
시　간　4~10월은 11:00~19:00
　　　　11~3월은 13:00~18:00
전　화　0138-23-1773
정기휴일　무휴(연말연시, 임시휴업 있음)
주차장　있음
H　P　http://www.oziodesign.com
가는 길　시전차 '주지가이역' 도보 1분

그가 만들어낸 우아하고 아름다운 가방을 보면서 상상했던 이미지와는 달리, 장인이자 디자이너인 나가미네 야스노리 씨는 말도 잘하고 유머 감각도 있고 잘 웃는 재미있는 사람이었다. 그리고 작품에서 느낀 그대로 재능이 넘치는 사람.

원래 '만드는' 것을 좋아하고 그림도 잘 그렸기 때문에 도쿄 예대에 진학했다. 염직과를 택한 그는 염색과 직조를 배우는 동시에 아사쿠사 가죽장인의 제자로 들어가 가방 만들기도 배웠다. 가죽 제품이 만들어지려면 디자이너와 장인이 각각 필요하다. 분업에 따르는 메리트도 물론 있지만, 자신의 생각을 더 확실하게 표현하고 비용을 절약하려면 디자인과 제작 모두 직접 하는 게 아무래도 낫겠다는 판단이 들었다. 작품의 특징은 실크 스크린 기법으로 가죽에 직접 그림을 인쇄하는 것. 잉크의 조합과 실크 스크린 망의 사이즈, 인쇄 속도를 계절이나 물건에 따라 다르게 조정하여 아름다운 인쇄를 실현했다. 지금도 장인이 하나하나 손수 만들고 찍어내는 작업은 변함이 없다.

대학 2학년 때, 우에노 동물원에서 플라밍고를 데생하다, 다리를 보고 "하이힐을 신으면 더 예뻐 보이지 않을까?"라는 생각을 하게 됐다. 그때 그린 그림이 들어간 가방은 지금까지 스테디셀러 상품이다. 대학 재학 중에 긴자의 백화점에서 개최한 개인전은 큰 호평을 받아 네 번이나 다시 열었다. 그 판매수익으로 이탈리아에 유학을 갈 수 있었고, 그때부터 업체에서 주문이 들어오기 시작했다.

졸업 후, 세타가야에 공방을 내고 순조롭게 실적을 올리던 중 조금씩 마음의 변화가 생겼다. "신용이 생기니까 늘 주문하는 물건은 가게에 전화 한 통만 걸어도 질 좋은 가죽을 보내주더군요. 그럼 직접 보러 갈 필요가 사라지고 작업실이 어디에 있든 상관없게 되죠. 어차피 전 수동 재봉틀을 쓰니까 전기도 딱히 필요 없고요." 아이도 아직 어려서 여유롭게 작업할 수 있는 환경을 찾아 고향인 하코다테로 돌아왔다.

"지역 주민에게 이런 직업도 있다는 걸 보여드릴 기회라고 생각했습니다. 하코다테의 관광은 음식과 건축이 중심이지만, 디자인도 널리 알리고 싶었거든요. 가령 교회는 한 번 보고 만족하는 사람도 있을 겁니다. 하지만 작품은 매번 새로운 것이 나오니 그때마다 구경하고 싶어지는 디자인을 꾸준히 발표하려고 합니다."

도쿄에서는 30여 점포에 납품을 하고 있었지만 하코다테로 돌아오면서 전부 그만뒀다. "누굴 위해 만드는지, 누가 만드는지 알 수 있도록 생산자가 직접 판매하는 스타일로 하고 싶다"는 이유 때문이었다. 느긋하게…(이탈리아어 OZIO의 뜻), 그러나 진지하게, 진심을 다해 만들기 위해.

하코다테답게 낡은 건물의 점포와 자택에 만든 아틀리에. 가죽에 인쇄한 프린트가 특징이다

www.oziodesign.com

31 New Hokkaidou Trip
하코다테 | 카페

select coffee shop
peace piece

셀렉트 커피숍 피스 피스

커피 향 가득한,
언덕 중턱의 작은 카페

하코다테의 언덕길 중간. 덩굴에 뒤덮인 하얀 벽과 하늘색 양철지붕. 작은 조명이 문을 비춘다. 가게 안으로 한 걸음 들어가면 주인인 오시오 다케히로 씨가 혼자 커피를 내리고 서빙도 한다. '느긋한 시간을 보내길' 바라는 마음으로 조금 여유롭게 배치한 테이블과 세 개뿐인 자리. 테이블은 기둥 사이에 놓아 옆 손님을 의식하지

주 소	하코다테시 스에히로초 18-12 函館市 末広町18-12
시 간	12:00-17:00
전 화	0138-22-5500
정기휴일	부정기
주차장	있음
H P	http://peacepiece-oco.blogspot.jp
가는 길	시전차 '스에히로초역' 도보 5분

조용히, 그리고 진지하게 커피와 마주하는 오시오 씨

않고 자신만의 시간을 즐길 수 있게 했다. 모든 일을 혼자 하지만, 정성과 진심을 다 하겠다는 마음가짐이 그의 행동에서 느껴진다.

하코다테에서 오시오 씨는 유리세공 기술자로 일했지만 생활이 어려워 카페 아르바이트를 시작했다. "원두의 종류는 정말 다양하잖아요. 맛도 다 다르고요. 제가 지금까지 마셨던 커피가 아닌 새로운 커피와의 만남, 로스팅에 따라 달라지는 맛이 재미있었어요."

하코다테로 돌아온 뒤 아르바이트하던 가게가 문을 닫게 되자 독립을 결심했다. 부동산 순례를 한 지 한 달 만에 운 좋게 지금의 장소와 만났다. 독특하게도 언덕의 경사에 맞춰 단차가 있는 이 건물은 원래 은행이었다. 위층은 접수창구였고 아래층은 보일러실이었지만 지금은 점포로 쓰고 있다. 위치는 하코다테의 서부지구. 경관이 뛰어나

홋카이도의 유산으로 선정된 여러 개의 언덕길, 일본 전통 건축과 서양 건축이 어우러진 모던한 건물들이 아름다운 거리의 중심에 있다. 산과 언덕, 항구와 바다가 있는 이 거리는 이곳에서만 볼 수 있는 특별한 모습을 갖고 있다. "하코다테역 앞이나 고료카쿠 쪽이 관광객이 많아서 손님도 많겠지만 전 이 지역이 좋았어요. 이 동네에서 하고 싶었습니다."

카운터 안쪽을 들여다보면 작은 수제 로스팅기가 보인다. 하코다테산이 뭔가 스모 선수 이름 같다며, 스모 선수 일러스트를 넣은 오리지널 블렌드 '하코다테 마운틴'을 직접 로스팅한다. 손님을 모두 보낸 뒤 주문이 쌓인 날은 다음 날까지 묵묵히 로스팅을 할 때도 있다고.
"제 취향이기도 하지만 향기가 돋보이는 커피를 만들고 싶어요. 개인적으로 라이트 로스팅을 좋

아하지만 다크 로스팅을 좋아하는 손님도 계시기 때문에 다양하게 갖춰둡니다. 드립은 올이 가늘어서 걸쭉하고 부드러우면서도 농후한 커피를 내릴 수 있는 융드립을 합니다."

음식 메뉴는 매번 다양하게 바뀌지만 융드립 방식은 한 번도 바꾼 적이 없다. 가게를 하면 사람들이 모이는 즐거움이 있다는 오시오 씨. "실은 제가 사이클링을 하는데, 같은 취미를 가진 사람들이 자연스럽게 모여서 동네 사이클링 팀을 만들게 됐어요. 때로는 관광객이 다시 찾아주시기도 하고요. 그렇게 사람들과 만나 인연을 맺는 것이 행복합니다."

그는 오늘도 담담하지만 기쁨이 충만하다는 것을, 커피를 내리는 움직임을 보면 알 수 있다. "앞으로도 쭉 원두를 볶고 커피를 내리며 살고 싶습니다."

32 pazar bazar

New Hokkaidou Trip
하코다테 | 카페·레스토랑

파자르 바자르

여행의 정이 느껴지는 카페.
사람들이 어울려 이야기가 탄생한다

빌딩 사이에 서 있는 아담하고 붉은 지붕집. 덩굴 사이로 보이는 문에는 알록달록한 가랜드가 걸려 있다. 상호에 들어간 '바자르'는 터키어로 일요일이란 뜻이다. 다양한 문화와 사람들, 물건이 모여 교류하는 일요일의 시장 분위기를 표현하고 싶은 마음을 담았다고. 주방과 그 옆에 작은 카운터, 계단을 올라가면 테이블 석 4개가 있다. 낡은 벽돌과 여기저기 달아놓은 터키 램프가 이국적인 분위기를 연출한다. 진하게 농축된 여행의 에센스가 가게 곳곳에서 느껴진다.

주인 구니타치 다이키 씨는 중학생 시절부터 영화를 좋아해서 삿포로에서 일할 때도 밤에 영화 강좌에 참가하러 다녔다. 그는 언제부턴가 영화를 만드는 것보다 상영장을 만드는 데 더 매력을 느꼈다. 기왕 만들 바엔 아예 음식점을 차리는 게 더 재미있겠다며 가게를 내기로 결심했다. 회사를 그만두고 싱가포르 음식점에서 2년간 요리를 배웠다. 그 뒤 사와키 코타로의 ≪심야특급≫을

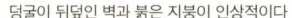
덩굴이 뒤덮인 벽과 붉은 지붕이 인상적이다

재미있게 읽고 인상에 남았던 터키로 여행을 떠났다. 길에서 파는 서민 음식인 케밥 샌드위치나 고등어 샌드위치, 라흐마준(밀가루와 고기로 만든 팬 요리) 등은 향신료가 은은하게 느껴지고 토마토 맛이 나서 틀림없이 일본인의 입맛에 맞을 거라는 확신이 들었다. 가게를 낸다면 자신만의 독특한 맛을 내고 싶었던 구니타치 씨는 결국 터키 요리를 선택했다.

그리고 언어와 요리를 정식으로 배우기 위해 다시 터키로 향했다. 그곳에서 8개월 머무는 동안 아이치 만국박람회장에 터키 음식점을 내기 위해 조사를 하러 온 일본인과 알게 되었다. 그에게서 음식점을 맡아달라는 요청을 받고 귀국한 구니타치 씨는 터키인 6~7명과 함께 음식점을 성공적으로 운영해냈다. 그 후, 하코다테로 돌아와 우연히 만난 지금의 건물을 보고 한눈에 반했다. 자신의 가게를 내고 싶은 욕심이 마구 끓어올라 결국 2010년 파자르 바자르를 오픈했다.

'오늘의 여행하는 카레 세트'는 향신료가 듬뿍 든 카레와 무농약 쌀밥

"유럽도 다녀봤는데, 그곳에서는 터키 요리도 하나의 장르로 뿌리를 내렸더라고요. 네덜란드에서 인기 있는 '바자르'라는 가게를 가봤는데, 램프가 매달려 있고, 복층 분위기가 너무 좋아서 사진을 잔뜩 찍어왔어요."
터키는 역사가 깊은 나라여서 가게 인테리어도 오래된 것들로 꾸미면 재미있을 것 같았단다. 지은 지 100년이 넘은 할머니집이 철거된다는 소식을 듣고 거기에서 얻어온 목재를 기둥과 카운터에 사용하고 창고에서 나온 벽돌은 칸막이를 만드는 데 사용했다. 언젠가 자신의 가게를 내리라 꿈꾸며 사뒀던 램프도 달았다. 인테리어는 구니타치 씨 부부와 친구 두 명이 힘을 모았다. 요리는 케밥 샌드위치 같이 쉽게 만들 수 있는 것으로 시작했다. 지금은 케밥과 뒤림(랩 샌드위치 같은 요리) 등 메뉴를 늘렸다. 터키 요리의 기본은 지키되 지나치게 얽매이지 않고, 어떻게 하면 제철 재료로 맛있게 만들 수 있을까를 고민한다. 젊은 시절 머릿속에 그렸던 가게의 모습과는 조금 달라졌지만 지금은 가게나 거리에서 이벤트를 열기도 하니 결국 하고 싶은 것을 하는 것 같다며 구니타치 씨는 웃었다.
"언젠가는 아이들과 같이 여행을 하고 싶어요. 그래도 가게에는 각국 손님들이 찾아와서 그런지 여행을 하지 않아도 여행을 하는 기분입니다. 정말 즐거워요."

주　　소	하코다테시 스에히로초 17-19 函館市末広町17-19
시　　간	11:00~17:00 (금~일 11:00~22:00)
전　　화	0138-83-8606
정기휴일	화 · 수요일　주차장 있음
H　　P	http://pazarbazar.org
가는 길	시전차 '주지가이역' 도보 2분

33 New Hokkaidou Trip
나나에 | 치즈

야마다 농장 치즈 공방

山田農場チーズ工房

자연에서 태어난 '이 땅'의 치즈

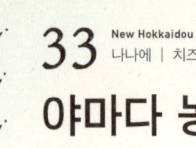

야마다 농장의 주인은 야마다 게이스케 씨와 아유미 씨다. 이들 부부가 배포하는 '이 땅의 치즈를 만든다'라는 전단지는 자신들이 어떠한 자세로 치즈를 만드는지 자상하게 설명하고 있다. 전단지의 마지막 문장은 이렇다.
"100년 후의 삶을 생각하며 최대한 먹을 것을 자급하고 에너지를 절약합니다. 우리 것을 소비하고 이 땅에서 순환하며 살아가고 싶습니다."
'야마다 농장 치즈공방'은 하코다테에서 차로 1시간 정도 거리인 나나에에 있다. 도로를 벗어나 자갈길을 조금 달리다 차를 세우면 나무집과 가게를 겸한 공방이 보인다. 그 옆에는 염소 우리도 있

야마다 씨 주위로 자연스레 모여드는 염소들이 행복해 보인다

다. 오후에 방문하니 가족들이 밭에 옹기종기 모여 토마토와 당근을 수확하고 있었다. 감자, 된장을 만들 대두, 수수, 순무도 있었다. 염소 똥으로 질 좋은 퇴비를 만들어 농약을 쓰지 않고 유기농법으로 가족이 먹을 채소를 키운다. 집과 가게 뒤로 펼쳐진 가파른 방목지에서는 30여 마리의 염소와 몇 마리의 양이 느긋하게 풀을 뜯고 있었다. 올라가보니 눈앞이 탁 트여 시원했다. 게이스케 씨가 신호를 보내자, 여기저기 흩어져 있던 염소들이 알아서 모여들었다. 느리고 한가로운 그 모습이 무척 인상적이었다.

"가축을 키우는 본질은 이 땅에서 인간이 이용하지 못 하는 것, 쓰지 못 하는 것, 먹을 수 없는 것을 동물의 힘을 빌어 이용하고 쓰고 먹는 것입니다." 그래서 배합사료 같은 외부의 것은 먹이로 주지 않는다고. 방목초는 자생하는 풀, 그리고 재래종 식생이 주를 이루고, 필요할 경우 쌀과 홋카이도산 대두, 밀 등을 섞어 준다. "자연 환경은 공기 중에 이미 여러 가지 균이 존재합니다. 갓 짜낸 우유는 거의 무균 상태지만 금세 균들이 침투해서 저절로 발효가 시작돼요. 일반적으로는 효모를 구입해서 사용하는데 저희는 자생 유산균을 사용합니다. 즉 이 땅에 존재하는 균만으로 치즈를 만드는 거죠."

게이스케 씨는 염소를 키우던 아버지 덕분에 염소와 염소젖이 친숙하다. 고등학교에 다닐 때 치즈 만드는 법을 배웠는데, 그때 실패한 경험이 오히려 치즈 만들기에 관심을 가지는 계기가 되었다고. 졸업한 뒤 홋카이도 신토쿠초에 있는 '공동학사 신토쿠 농방'에서 치즈 만들기를 배웠다. 중간에 2년 정도 아시아 곳곳을 여행하며 쉬기도 했지만 총 8년의 재적 기간 동안 오너의 아낌없는 지원을 받았다. 자유롭게 상품개발을 하고 유럽에 4번이나 연수를 다녀오며 치즈와 낙농에 대해 배우다 보니 점차 자신이 원하는 형태가 보이기 시작했다. 공동학사에서 만난 아유미 씨와 의

기투합해서 독립한 뒤 2006년 이곳에 정착하고 2008년부터 치즈를 판매하기 시작했다. 처음에는 이 땅을 개척하고 집 짓는 일부터 시작했다. 그로부터 9년. 가을에 교배시킨 염소와 양은 봄에 새끼를 낳고 젖을 생산한다. 이제는 봄이 오면 "치즈는 아직인가요?"라는 문의가 제법 들어온다고. "홋카이도가 좋아요. 이 안에서 따뜻하고 넓은 땅, 도시 근교에 위치한 곳을 알아봤습니다. 도시에서 차로 1시간 내의 거리라면 손님들도 찾아올 만하다고 생각했어요. 이 지역에서 소비해주지 않으면 지역 식문화로 키워나갈 수 없거든요. 지금도 60%는 여기서 소비되고 있어요."

염소와 양은 계절에 따라 살면서 자연의 것을 먹는다. 젖의 양도 봄부터 가을에 걸쳐 계속 달라지기 때문에 염소젖과 양젖의 비율도 그에 따라 달라진다. 따라서 치즈의 맛도 계절에 따라 다르다.

이 지역의 식문화가 되기를

내추럴 와인도 판매

자택 옆에 있는 것은
역시나 직접 세운
가게

야마다 농장 치즈 공방

그대로 먹어도 맛있는 야마다 농장의 치즈

야마다 농장의 치즈는 염소와 양젖으로 만들어진다

봄의 치즈는 푸른 풀 향기가 강하고 벚꽃 떡 향이 난다. 가을이 되면 유산의 향이 강해져 향기가 일품이다. 어떻게 먹으면 좋은지 추천해 달라고 했더니, "우리 가족은 다 그대로 막 먹어버려요. 치즈를 너무 좋아해서요"라는 심플한 대답이 돌아왔다. "좋아하는 일을 하니까 스트레스 따윈 없어요." 환하게 웃는 게이스케 씨의 얼굴이 야마다 농장의 치즈가 얼마나 맛있는지 말해주는 것 같다.

주　　소 가메다군 나나에초 가미이쿠사가와 900-1
　　　　 亀田郡七飯町字上軍川 900-1
시　　간 10:00~16:00
전　　화 0138-67-2133(영업일·재고는 확인 바람)
정기 휴일 평일은 부정기, 토·일·공휴일은 거의 영업
　　　　 12~3월은 동절기 휴업
주 차 장 있음
H　　P http://yamadanoujou.blog.fc2.com
가 는 길 JR '오누마 공원역'에서 차로 약 13분

(홋 카 이 도 에 서 만 난 사 람 들)

데무라 마이 씨

[삿포로]
킷사 쓰바라쓰바라

여유로움을 잃지 않으면서 차곡차곡 쌓아가기. 이 가게는 독특한 스피드로 시간이 흐릅니다. 쓰바라쓰바라라는 세계와 시간, 그것은 데무라 씨 그 자체.

이치카와 소스케 씨

[삿포로]
모리히코

낮은 목소리와 멋진 분위기를 가진 이치카와 씨는 가게를 대하는 마음가짐이 매우 금욕적이고 강경한 편이었습니다. 가게에 대한 이야기가 마치 인생 교훈처럼 느껴져 많은 것을 배웠습니다.

사토 케이 씨 **미키 마유코** 씨

[삿포로]
미키 사토 아키

포근한 분위기가 정다운 사토, 미키 씨 부부. 하지만 두 사람이 만들어내는 작품은 아이디어가 톡톡 튀어요. 곧은 심지도 느껴지고요. DIY를 하고 있는 저도 무척 부러웠습니다.

다케시마 사토시 씨 **노리코** 씨

[삿포로]
하사미야

'하사미야 포즈'를 보여준 다케시마 씨 부부. 환하게 웃으며 즐겁게 이야기하는 모습이 마치 친구처럼 느껴졌습니다. 두 사람의 넘치는 가족애도 아름다웠습니다.

(홋카이도에서 만난 사람들)

곤노 마스키 씨

[도야호]
램아트

자연스럽고 꾸밈없는 모습이 매력적인 곤노 씨. '삶'에 대한 멋진 자세에 존경심이 들 정도. 도야호는 이번 취재에서 인상적이었던 곳 중 하나입니다.

히라노 다이스케 씨   오가와 미쓰키 씨

[니세코]
SEED BAGEL & COFFEE COMPANY

"사람이 좋다"는 말 그대로, 상냥하게 늘 웃으며 이야기하던 히라노 씨. 흔쾌히 자택에서 재워주기까지 해서 취재여행의 멋진 추억이 생겼습니다.

하마베 레이 씨

[히가시카와초]
Less Higashikawa

가족과의 시간도 소중히 여기는 하마베 씨. 자신의 페이스대로 살기 때문에 마음에 여유가 생긴다고. 그 여유가 가게의 편안한 분위기로 이어지는 듯합니다.

사카모토 게이지 씨   에미코 씨

[나가누마초]
Shandi nivas cafe

상호명대로 평화롭고 따뜻한 분위기가 감도는 두 사람. 신기하게도 여행자답게 또 어딘가에서 딱 마주칠 것 같은 느낌이 들었습니다.

(홋카이도에서 만난 사람들)

사와이 마사키 씨   가나코 씨

[후라노]
cafe 고료 & 고료 게스트하우스

매년 세계 각지로 연수 겸 위로 여행을 떠나시는 두 사람. 올해는 싱가포르로 떠나면서 그 전에 제가 사는 오키나와에 들러주셨습니다. 다시 만나 무척 기뻤습니다.

이노우에 히로유키 씨

[아사히카와]
공방 아카리노타네

많은 사람들에게 도움을 받았다는 이노우에 씨. 맑은 미소와 서글서글한 모습을 보고 있으면 주변 사람들로부터 사랑받고 있다는 것이 느껴집니다.

도마에 구니코 씨

[하코다테]
하코다테 공예사

취재 일정을 조금 착각하셨는데, 바쁘신 중에도 일정을 조정해서 시간을 내주신 도마에 씨. 자꾸만 샛길로 빠지는 이야기도 무척 즐거웠습니다.

가토 히로유키 씨   아미노 가오리 씨

[후라노]
에조아무 푸딩 제조소

이런 벽지(죄송)에서 가게를 하는 사람은 어떤 사람일까 궁금했는데, 정말 싹싹하고 즐거웠던 두 사람. 돌아가는 길에는 초밥집에서 주문해야 하는 메뉴를 메모해주셨습니다.

(홋카이도에서 만난 사람들)

나가미네 야스노리 씨

[하코다테]
OZIO ATELIER and SHOP

한 번 말을 시작하면 멈추지 않는 나가미네 씨. 덕분에 저녁부터 시작된 취재는 초밥집에서 이탈리안 레스토랑으로 이어져, 호텔에 돌아와 보니 한밤중. 즐거운 시간이었습니다.

오사카 준 씨

[하코다테]
천연효모 빵 tombolo

까다세답지 않게 스마트한 분위기의 오사카 씨. 생활과 지역 부흥에 대해 많은 이야기를 들려주셨습니다. 이 지역은 훨씬 매력적인 곳이 될 거라는 확신이 들었습니다.

야마다 게이스케 씨   아유미 씨

[나나에]
야마다 농장 치즈 공방

"포크레인은 건담 같아서 정말 재미있어요"라는 게이스케 씨. 좋아하는 일을 하니까 스트레스가 없다며 해맑게 웃는 모습이 멋졌습니다.

오시오 다케히로 씨

[하코다테]
select coffee shop peace piece

조용하면서도 다정함이 느껴지는 오시오 씨. 손님이 많아도 당황하지 않고 친절하게 응대하는 모습이 인상적이었습니다. 가게 문을 닫으면 자전거를 타고 따님을 데리러 간다고.

2016년 초여름, 아사히카와를 시작으로 홋카이도를 한 바퀴 돌았습니다.
아사히카와에서 비에이, 후라노를 거쳐 더 남쪽의 삿포로로.
니세코와 도야 호수를 지나 마지막은 하코다테.
모든 곳에 자연과 문화, 사람들의 개성이 가득해서 방문한 것이 행복했습니다.

기분 좋게 취재에 응해주신 33팀의 생산자 여러분.
정말 고맙습니다.
이 책의 편집, 진행을 맡아 든든하게 지원해주신 WAVE 출판의 사토 씨,
이번에도 멋진 디자인을 제안해준 야마모토 군에게도 감사드립니다.

멀리 떨어져 있기에, 신뢰할 수 있는 동료의 존재는 정말 든든합니다.
감사합니다.

그리고 제 여행을 따뜻하게 지원해준 가족에게 고맙다는 말을 하고 싶어요.

홋카이도는 워낙 넓고 지역마다 표정이 다양해서 한마디로 표현하기 어려운데, 그 다양함이 여행을 더 즐겁게 만들어주는 것 같습니다.

압도적인 자연을 받아들일 줄 알기에 풍요로운 삶을 살 수 있는 것이 아닐까 하는 생각도 들었습니다.

여행하면서 많은 분들께 "홋카이도 동쪽도 정말 좋아요", "겨울에 꼭 오세요" 등 다양한 조언을 받았습니다.
이번에 소개해드린 곳은 홋카이도의 극히 일부입니다.
자연도, 문화도, 음식도, 소개하지 못 한 것이 너무나 많네요.
여러분도 꼭 방문해서 자신이 좋아하는 홋카이도를 발견해보세요.

이 책이 홋카이도의 멋진 자연과 사람, 그리고 여행과 만나는 계기가 되기를.

여러분의 여행이 그런 둘도 없는 시간으로 채워지기를.

그럼 저는 여행을 계속하겠습니다.
다음에는 어디로 갈까요.

세소코 마사유키

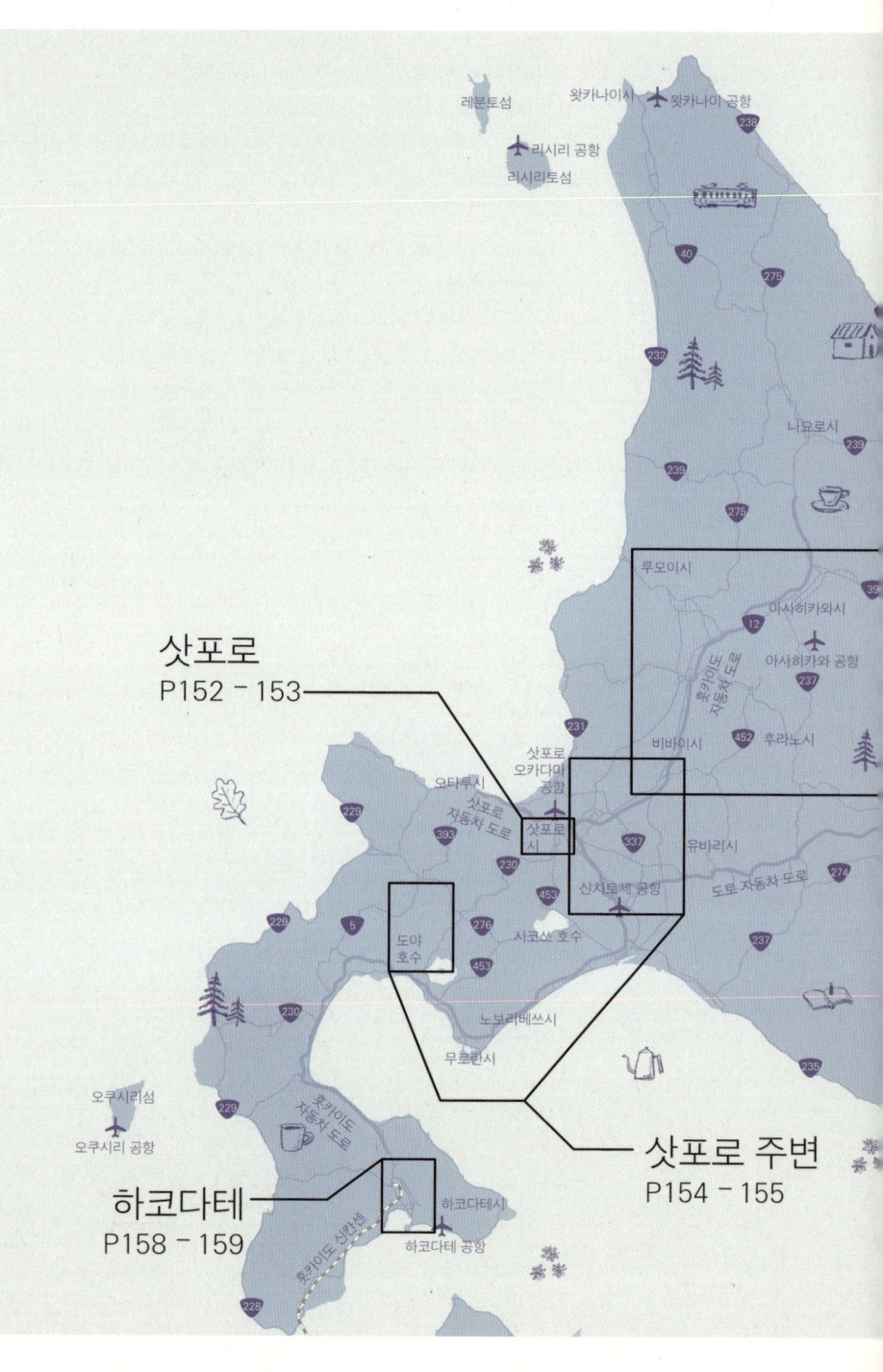

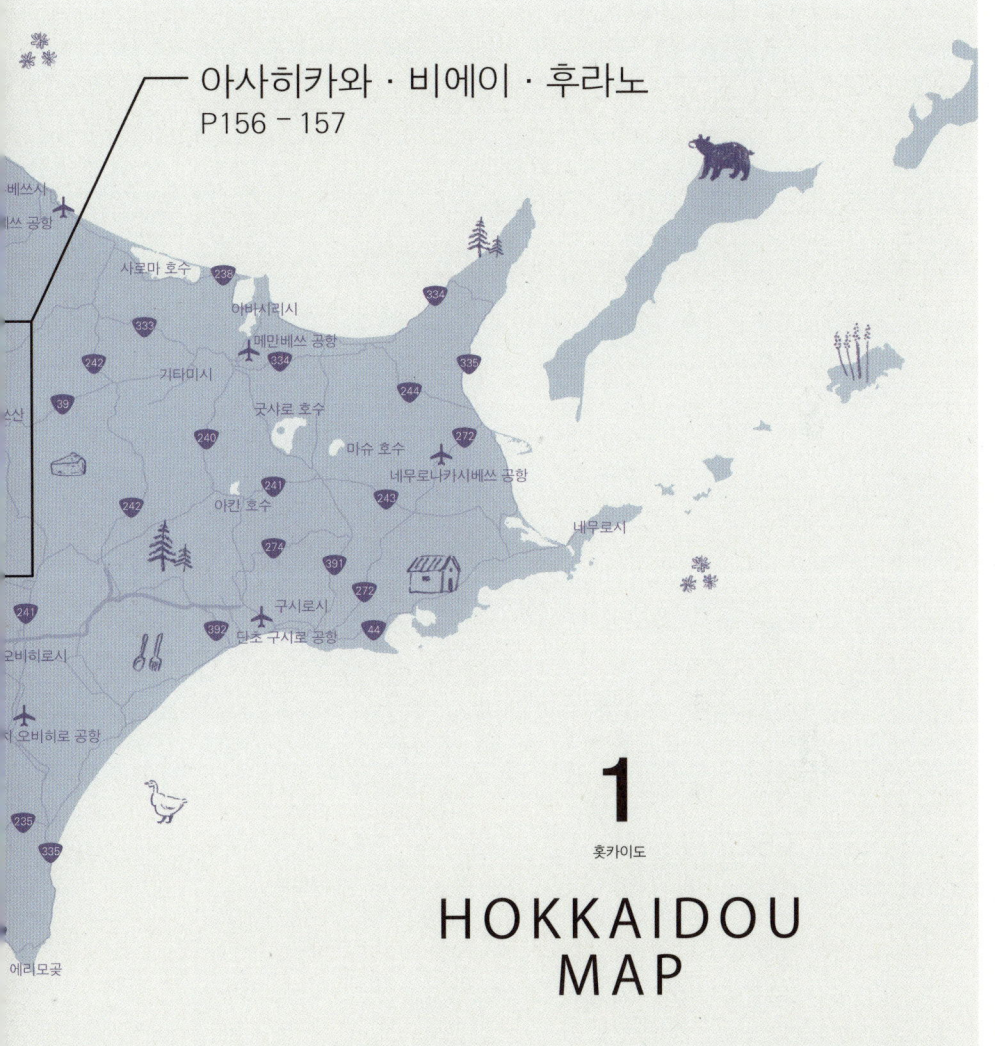

홋카이도 전도

아사히카와 · 비에이 · 후라노
P156 - 157

1
홋카이도

HOKKAIDOU MAP

2
홋카이도 / 삿포로

SAPPORO
MAP

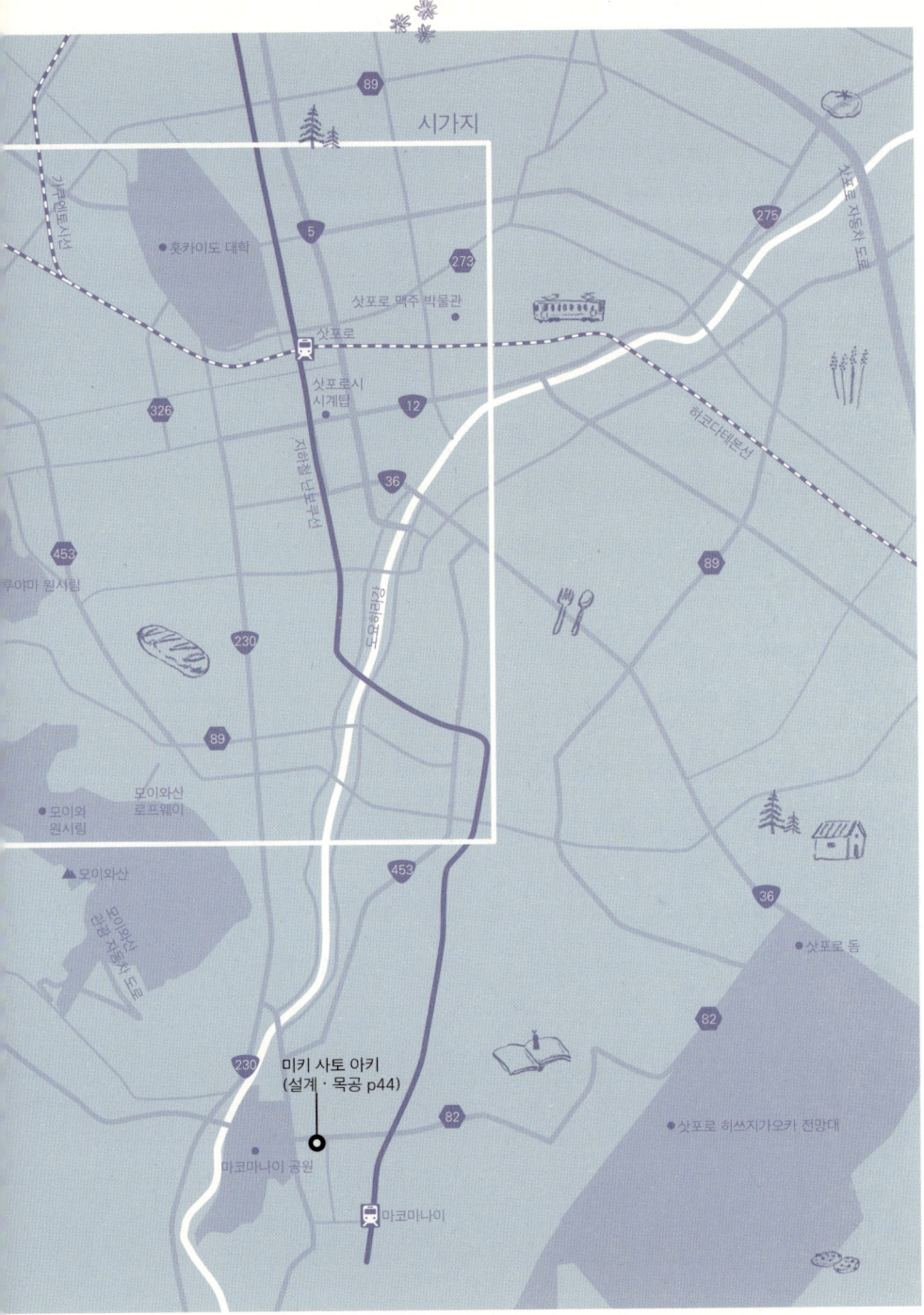

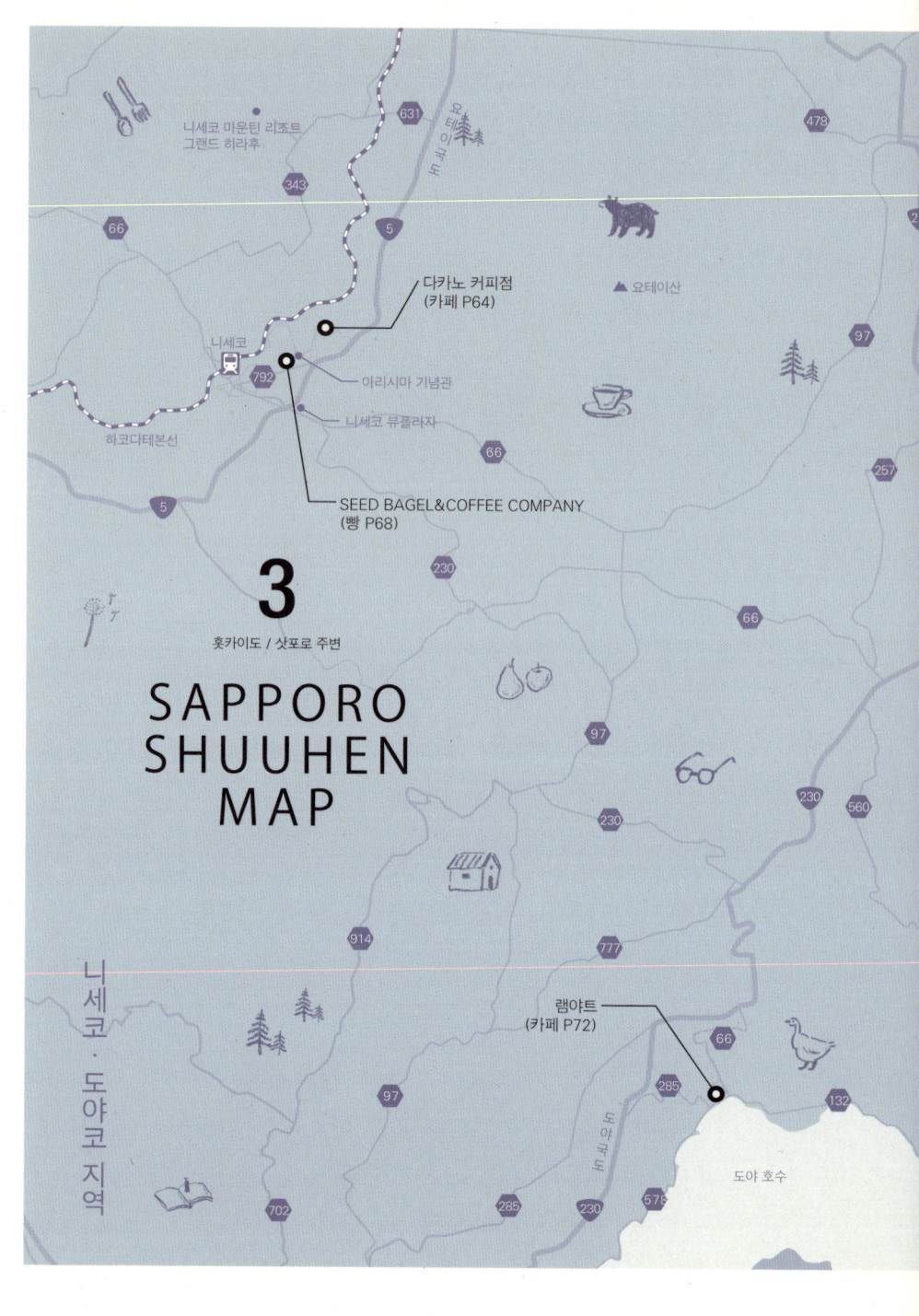

3

홋카이도 / 삿포로 주변

SAPPORO
SHUUHEN
MAP

니세코 · 도야코 지역

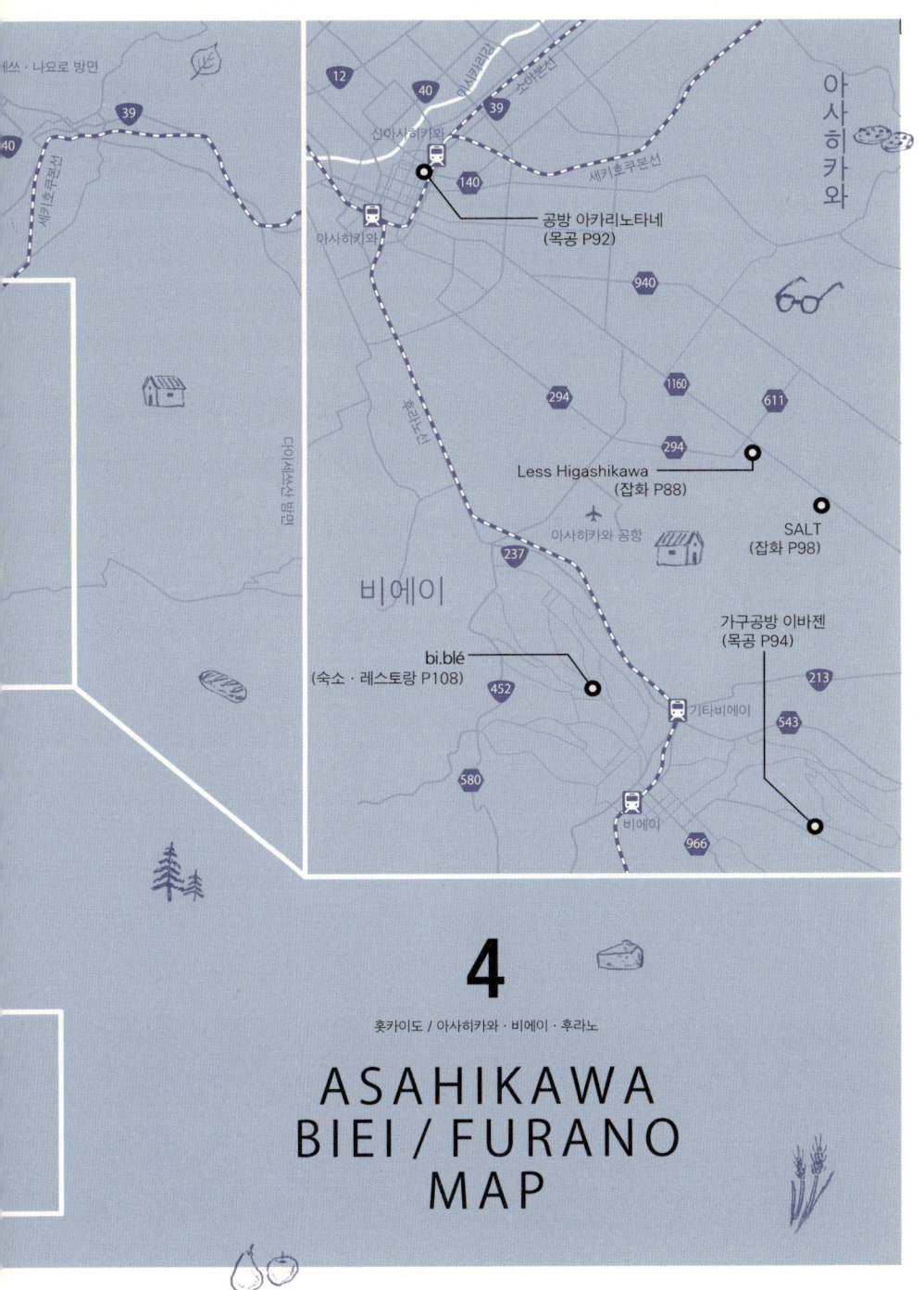

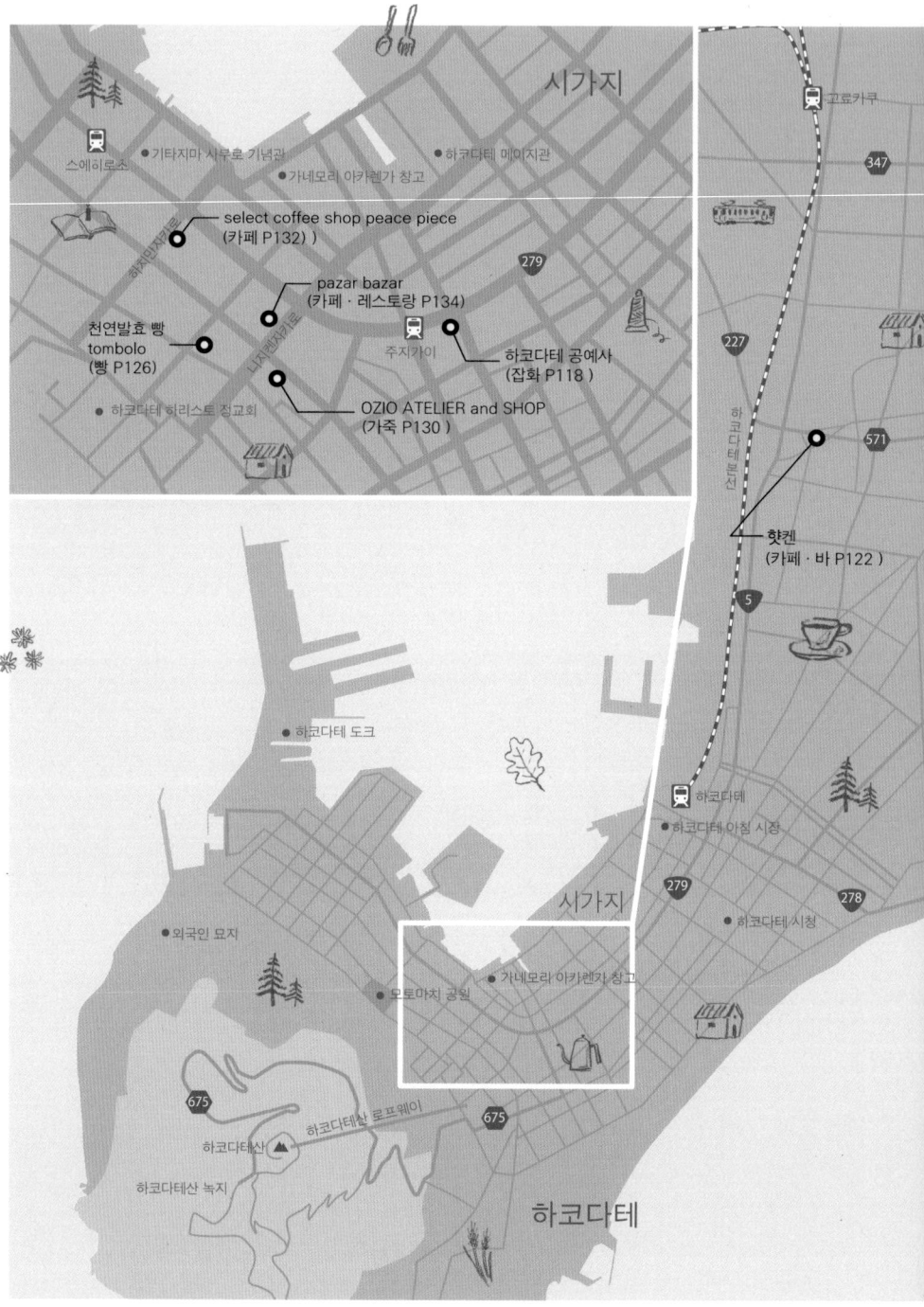

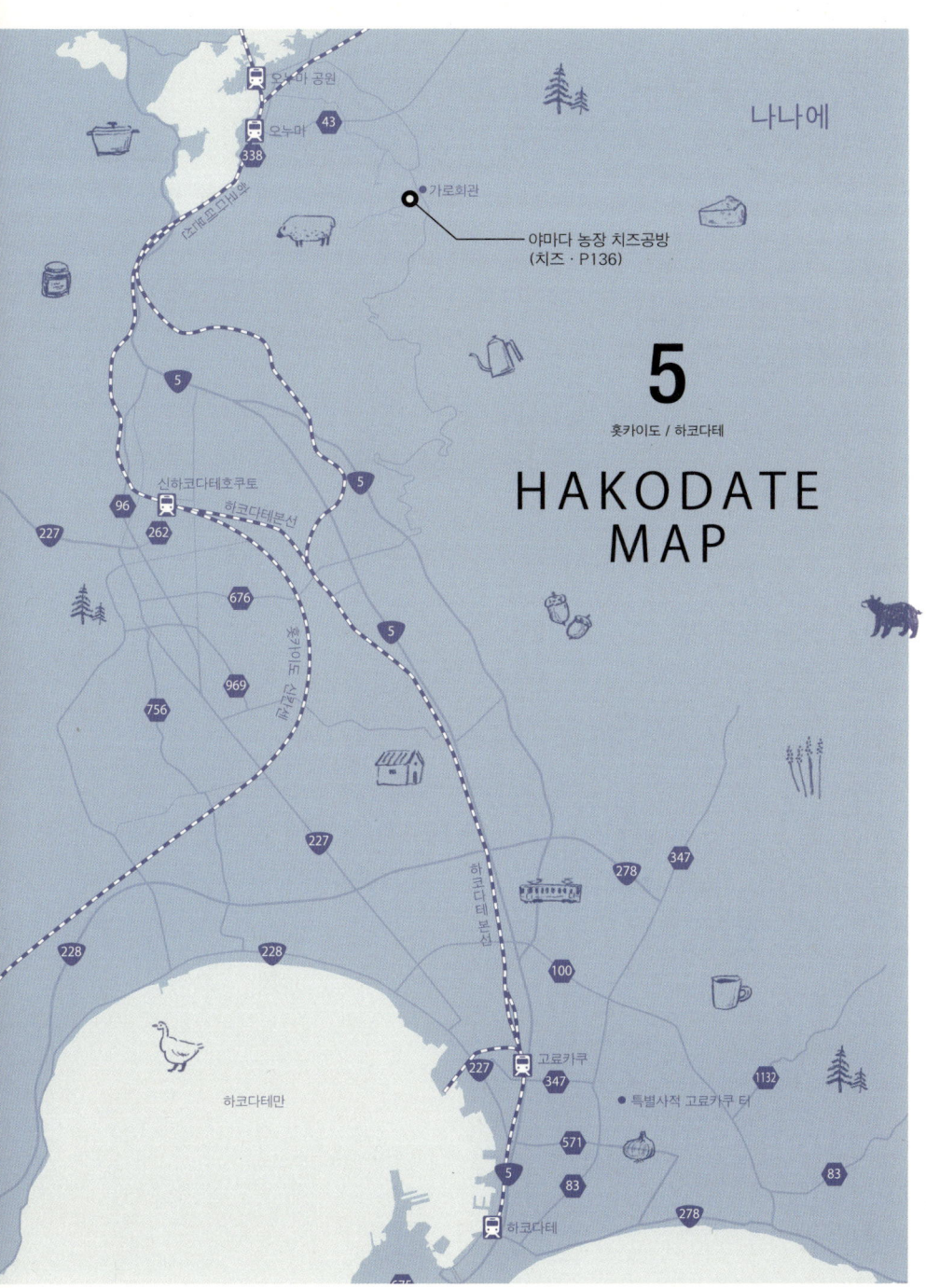

새로운
홋카이도 여행

2018년 6월 30일 초판 1쇄 펴냄

지은이	세소코 마사유키
옮긴이	김현정, 박성희
공동기획	인페인터글로벌
발행인	김산환
책임편집	윤소영, 유효주
영업 마케팅	정용범
디자인	페이지제로
인쇄	두성 P&L
종이	월드페이퍼
주소	경기도 파주시 경의로 1100, 604호
전화	070-7535-9416
팩스	031-947-1530
홈페이지	www.dreammap.co.kr
출판등록	2009년 10월 12일 제82호

ISBN 979-11-87496-85-4-13980

ATARASHII HOKKAIDOU RYOKÔ
Copyright © 2017 by Masayuki SESOKO
First published in 2017 in Japan by WAVE PUBLISHERS CO.,LTD
Korean translation rights arranged with WAVE PUBLISHERS CO.,LTD
through Shinwon Agency Co.

이 책의 한국어판 저작권은 Shinwon Agency를 통해
WAVE PUBLISHERS CO.,LTD와의 독점계약으로 도서출판 꿈의지도에 있습니다.
저작권법에 의해 한국 내에서 보호를 받는 저작물이므로 무단전재와 복제를 금합니다.